안면도 출생 이상원
TOP 미국 소아청소년과 전문의가 되기까지

이 책은 우리나라가 가장 가난했던 시절,
안면도 흙수저로 태어나
온갖 어려움 속에서 소아청소년과 전문의가 되어
아무런 대가도 바라지 않고
평생을 진정한 사랑으로 진료한
이상원 박사의 일대기를 그린 책이다.

이 책의 처음부터 끝까지
모든 글과 자료 수집을 이상원 박사 혼자 해냈다.
아주 오랜 시간이 걸렸을 것이고
아주 많은 생각이 오갔을 것이다.

그는 지금도 자신의 블로그(ｈｔｔｐ：／／ Ｂｌｏｇ．Ｎａｖｅｒ．ｃｏｍ／ｄｒｓａｎｇｗｏｎｌｅｅ)를 통해
수많은 부모들에게 의학지식을 전하고 있다.
그의 진료를 통해 수많은 사람을 살렸으며
그의 책과 온라인을 통해 수많은 사람들이 위기를 넘겼을 것이다.
이상원 박사는…
그것이면 OK라고 했다.

진정한 의사로서의 길,
이 책을 통해 다시 한 번 자신의 삶을 돌아보기를 바란다.

안면도 출생 이상원
TOP 미국 소아청소년과 전문의가 되기까지

ECONOMY JOURNAL

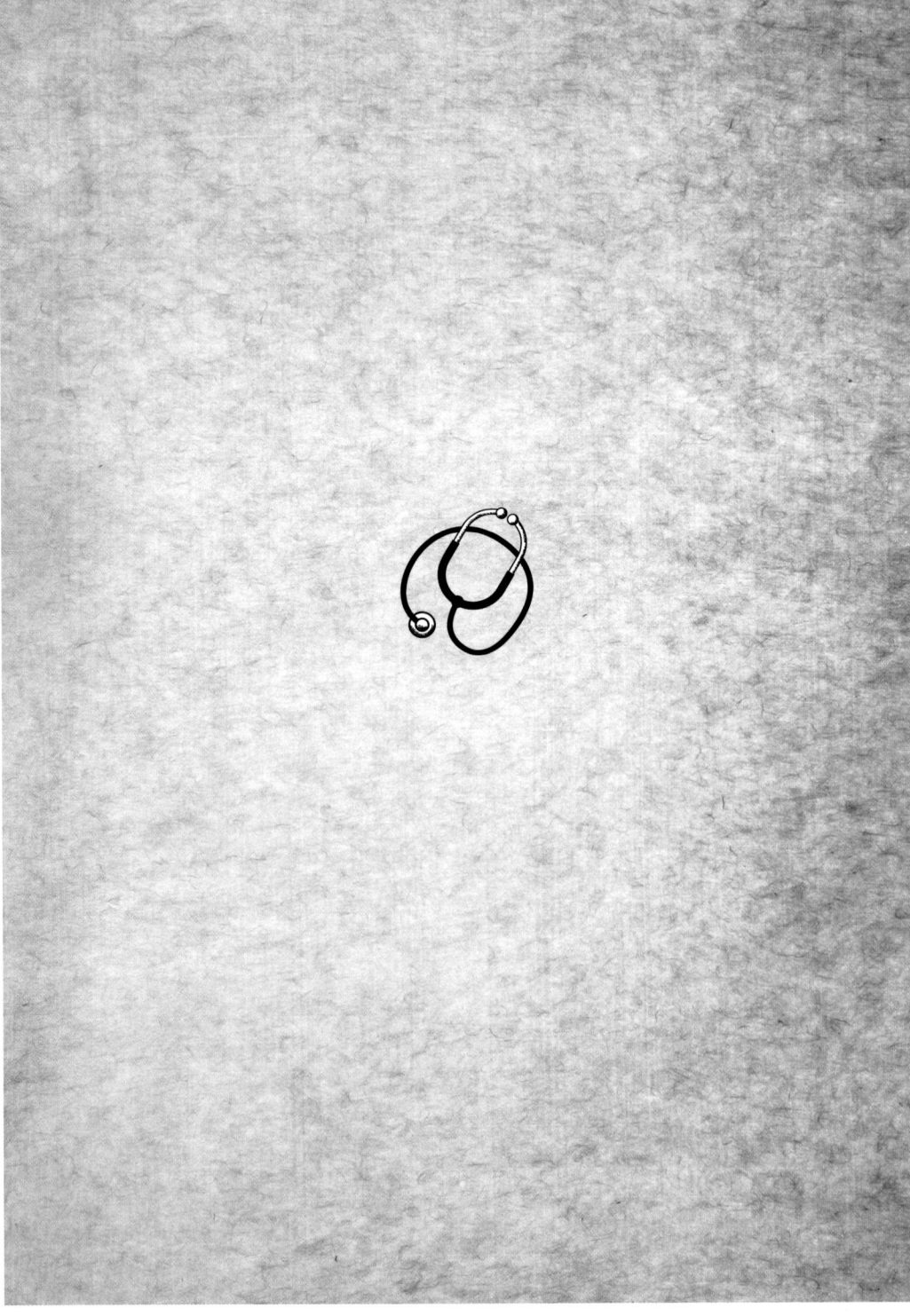

프롤로그

　　우선 부족한 저를 팔순까지 사랑해주신 하나님께 감사드립니다.
나를 낳고 길러 의사의 소명을 갖도록 가르치신 나의 어머니와 아버지께 감사드립니다.
집에서 담은 된장, 고추장, 김치로 하루 세끼를 따뜻한 밥을 차려준 나의 아내 이춘자 약사에게 감사드립니다.
두 아들 동형, 건형, 딸 진이에게도 감사하고
손자 저스틴, 카이, 손녀 바이올렛에게 감사합니다.
나를 가르치신 모든 은사님들께 감사드립니다.
지금까지 나에게 사랑, 지도 편달을 베풀어주신 여러분들에게 감사드립니다.
특히 미국 코네티컷주 윌리만틱 동네 개인 소아 청소년과 병원에서 28년 동안에 나의 진료를 받았던 미국 여러분들에게 감사드립니다.
1963년부터 54여 년 간 의료인으로의 삶을 누리면서 부족한 점도 많았고 잘못한 점도 많았지만 나를 용서해 주신 여러분들께 감사드립니다.
나를 가르쳐 미국 TOP 소아 청소년과 전문의로 인정받게 해주신 나의 은사님들께 다시 한 번 깊이 감사드립니다.
부족한 저를 항상 사랑해 준 초 · 중 · 고대학교 동기 여러분들

사랑하는 딸 진이와 아내

께 감사드립니다.

지금까지 흙수저 계층으로 살아오면서 겪고 느꼈던 문제들을 이번 기회에 세상에 내놓으려 합니다.

팔순이 되기까지 나의 삶을 정리하는 글을 쓰는 일이 그렇게 쉽지만은 않았습니다.

잘못된 점이 많을 줄 알지만, 내 주변 일상이야기라고 생각하고 읽어주시기 바랍니다.

저는 빈부귀천, 남녀노소, 인종을 가리지 않고 모든 환자들을 내 몸과 같이 내 가족과 같이 혼신의 힘을 다해 사랑으로 진료하려고 무척 노력했습니다.

나의 부모님이나 나, 그리고 동생들은 질병과 고통으로 인해 가정이 파괴되었습니다. 그런 불행한 일들이 다른 사람들에게는 생기지 않도록 소아청소년 건강 질병과 안전사고 예방, 자녀들을 더 행복하고 더 건강하게 키우는데 도움이 되기를 바라면서 질병의 진단, 치료, 육아 등에 관한 '부모도 반의사가 되어야 한다 – 소아 청소년과학 웹사이트(http://www.koreapediatrics.com) 25여종 육아 건강 바이블'을 이 세상에 내놓기도 했습니다.

끝으로 그동안 교정과 편집, 출판을 위해 애써주신 이코노미 저널 출판국에게 무한한 감사를 드립니다.

2017년 10월
미국 코네티컷주 울리만틱
소아 청소년과 전문의 이상원 드림

차례

프롤로그
About 이상원

소아 청소년과 전문의 이상원 박사의 학력, 약력 ·········· 12
학력 ··· 12
인턴과 레지던트 ·· 12
소아 청소년과학 연수 교육 ······································ 13
소아 청소년과 전문의 자격시험, 보드 및 의사 면허 ········ 22
미국 의사협회 회원 및 미국 소아청소년과학회 회원 ······· 22
미국 소아 청소년과학회 펠로우 ································ 23
경력 ··· 23
포상, 표창, 감사, 칭찬 ·· 25
저서 활동 ··· 28
라디오, 신문, 매거진 등 각종 기고 ····························· 28
언론에 비친 이상원 소아 청소년과 전문의 ··················· 29
각종 미디어 기고 ·· 30
TV, 라디오, 세미나, 무의촌 진료, 무료건강검진 ············ 31
코네티컷주 17대 한인회장과 이사 ······························ 32
John S. Lee, M.D 동네 소아 청소년과 개업 및 진료 활동 ·· 33
이상원 ··· 34

제1장 나는 어디서 왔나

나의 친할머니 황 씨 ·· 36
아이들의 생일과 아버지들의 제삿날이 같은 섬마을 ········ 42
나의 외할아버지와 외할머니 ···································· 44
나의 어머니와 아버지 ·· 46
나의 아버지 이시우 ··· 48
장한 어머니 표창 ·· 60
사랑하는 나의 동생 상률 ··· 63

어머니 고향은 충남 홍성 …………………………………………… 67
돈이 있으면 부모님께 …………………………………………… 73
충격적인 상애의 죽음 …………………………………………… 78
나는 불효자였다 ………………………………………………… 82
미국과 한국의 의료환경 차이 ………………………………… 87

제2장 나를 빚어낸 나의 학창시절
안중공립국민학교 졸업 ………………………………………… 94
6.25전쟁과 홍성중학교 급우 박서원 ………………………… 98
홍성고등학교 수석으로 졸업하던 날 ……………………… 102
연세대학교 의예과 수료, 의과대학 졸업 ………………… 106
자취를 하면서 연세대학교 의예과 수료 ………………… 109
가정교사 ………………………………………………………… 113
연세대학교 의과대학 세브란스병원과 무의촌 안면도 … 119
무면허 돌파리 학생 의사 이상원 …………………………… 123
난소 낭종을 진단받고 서울에서 치료 …………………… 124

제3장 무의촌 의료 봉사와 군의관
의과대학 졸업 후 세브란스 병원 무의촌 인턴 ………… 128
두 사람의 생명을 살린 그날 ………………………………… 131
서울시립아동병원 1개월간 '무의촌 인턴' ………………… 133
무의촌 의료봉사 중 사랑하는 춘자 만나 결혼 …………… 135
군의관 중위로 근무, 명예 제대 ……………………………… 136
군 복무 중 두 아들을, 레지던트 수련 중 딸을 얻다 …… 138

제4장 미국에서 인턴 · 소아 청소년과학 레지던트 수련
미국 도착 ………………………………………………………… 144
미국 커네티컷 맨체스터 병원 도착 ………………………… 146

9

코네티컷 의대, 놀와크 병원과 예일대 의대 소아 청소년과 레지던트 수련　148

제5장 나의 활동과 저서 ·· 154

제6장 웹소아 청소년과 "부모도 반의사가 되어야 한다"
"부모도 반의사가 되어야 한다"(www.koreapediatrics.com) 출시 ········　172

제7장 이순, 고희, 산수도 지나고
의사의 종류 ··　180
나는 나의 조국을 사랑한다 ··　181
나의 고향이 화성사 염전, 목장이 되다 ··　183
장등개 앞 동네 사람으로부터 온 페이스북 ··　188
부모도 반의사가 되세요 ··　190
나의 아들 내과전문의 건형아, 이런 의사가 되어라 ······························　193
좋은 의사가 되기 위한 길 ··　194
2015년, 60년이 지나 다시 찾은 안면도 안중초등학교 ························　196

제8장 부록 ··　202

 소아 청소년과 전문의 이상원 박사의 학력, 약력

 학력

- 안중공립국민학교 졸업, 충남 서산군 안면면, 1950
- 홍성 중학교 졸업(Hongsong Middle School), 충남 홍성군 홍성읍, 1953
- 홍성 고등학교 졸업(Hongsong High School), 충남 홍성군 홍성읍, 1957
- 연세대학교 공과대학 의예과 수료 1959(Yonsei University, Premedical Course, College of Science & Engineering, Seoul, Korea, 1957-1959)
- 연세대학교 의과대학 졸업 1963(Yonsei University College of Medicine, Medical Doctor Degree, Seoul, Korea, 1959-1963)
- 제12기 대한민국 보건의 수료, 1964년 2월 29일
- 육군 군의학교 수료, 1965년 7월 3일

 인턴과 레지던트

- 연세대학교 세브란스병원 무의촌 인턴과정 수료, 1963 Internship, Severance Hospital, Yonsei University College of Medicine, Seoul, Korea, 1963
- 연세대학교 정형외과 레지던트 수련 중 육군 군의학교 입대, 1965 The 1st Year Orthopedic Resident, Yonsei University College of Medicine 1965 – till drafted to Korean Amy in 1965
- Internship, Manchester Memorial Hospital, Manchester, CT, USA, July 1968 to June 1969

- Pediatric Residencies, Health Center University of Connecticut School of Medicine, Hartford, CT, USA, July 1969 to June 1970
- Pediatric Residencies, Health Center University of Connecticut School of Medicine, Hartford, CT, July 1970 to June 1971
- Pediatric Residencies, Norwalk Hospital, Norwalk. CT, July 1971 to June 1972 (Included 6 months at Yale-New Haven Hospital, Yale University College of Medicine, Yale University and 6 months at Norwalk Hospital)

(The following courses were taken at Yale-New Haven Hospital : Pediatric Cardiology, Endocrinology, Gastroenterology, Cystic Fibrosis, Allergy, Inborn Error and Genetics, Hematology and Oncology, Newborn and Neurology)

소아 청소년과학 연수교육

- American Academy of Pediatrics, Annual Meeting, 1975
- Harvard Medical School, Department of Continuing Education, Boston, MA, September 13 - 17, 1976
- Harvard Medical School, Department of Continuing Education, Boston, MA, May 16 - May 20, 1977
- Newington Children's Hospital, "Orthopedic Symposium for the Primary Care Physician" June 8, 1978
- American Medical Association Physician Recognition Award: Valid until October 1, 1980
- University of Connecticut School of Medicine, Continuing Medical Education, "Recent Advances in Pediatrics for Practitioner" December 7, 1978
- Newington Children's Hospital, "The Exceptional Child" March 14, 1979
- Yale University School of Medicine, Office of Graduate and Continuing Education, "Recent Advances in Pediatrics for the Practitioner", November 28, 1979

- University of Connecticut School of Medicine, Continuing Medical Education, "Recent Advances in Pediatrics for Practitioner" May 15, 1980
- Harvard Medical School, Department of Continuing Education, Boston, MA, June 2 – 6 1980
- University of Connecticut School of Medicine, Continuing Medical Education, "Recent Advances in Pediatrics", 1981
- Yale University School of Medicine, Office of Graduate and Continuing Education, "Current Concepts in Otolaryngology for Primary Physician", March 31, 1982
- Newington Children's Hospital, "Rheumatic Disorder of Childhood", May 20, 1982
- The Windham Community Memorial Hospital, "The High Risk Infant, Identification and Management", November 30, 1982
- 4th Congress of Asian Pediatrics Symposium, Seoul, Korea. September 20 – 24, 1982
- University of Connecticut School of Medicine, Continuing Medical Education, "Recent Advances Internal medicine", February 27, 1985
- Audio-Digest Foundation, Certification of Accreditation – Oct. 29, 1985 40% pre test
- 50% Post test, +10% Difference.
- Connecticut Medical Insurance Company, Continuing Medical Education, CMIC Risk Management Seminar. August 9, 1986
- University of Connecticut School of Medicine, Continuing Medical Education
- Recent Advances in Pediatrics for the Practitioner, category I, 1988
- Glaxo Pharmaceutical, "Antibiotic update" Nov. 27, 1988
- Yale University School of Medicine, Office of Postgraduate and Continuing Medical Education, "Recent Advance in Pediatrics for the Practitioner" December 7, 1988

- CMIC, Certification of Accomplishment Continuing Medical Education, CMIC Risk Management Self-Study Program Self-Assessment of the Office Practice, Dec 28, 1990
- Windham Community Memorial Hospital, "Antibiotic Update", November 7, 1988
- Windham Community Memorial Hospital, Neonatal Resuscitation Course Sponsored by The American Academy of Pediatrics, March 1991
- MSD Recent Advanced in the Prevention and Treatment of Bacterial Meningitis, March 21, 1991
- Windham Hospital Continuing Medical Education of Accomplishment, "Neonatal Resuscitation Course" March, 1991
- Connecticut Medical Insurance Company, Continuing Medical Education, CMIC Risk Management Self-Study Program "The Physician-Patient Relationship, Part V" December 2, 1991
- University of Connecticut School of Medicine, Continuing Medical Education, "Critical Issues in School Health 1992" March 25, 1992
- Hartford Hospital, Continuing Medical Education, "Pediatric Gastroenterology Update 1992" October 14, 1992
- Yale University School of Medicine, Office of Postgraduate and Continuing Medical Education, "Recent Finding from The Neuroscience Revolution" November 6, 1992
- Connecticut Medical Insurance Company, Continuing Medical Education, CMIC Risk Management Self-Study Program "The Physician-Patient Relationship, Part VI" November, 1992
- Windham Hospital Continuing Medical Education, "Use of Minor Tranquilizers in Office Practice" March 1, 1993
- Windham Hospital Continuing Medical Education, "Recent Advances in Orthopedics" March 8, 1993

- Windham Hospital Continuing Medical Education, "Migraine Headaches" March 29, 1993
- Windham Hospital Continuing Medical Education, "Antibiotic Update" April 12, 1993
- Windham Hospital Continuing Medical Education, "NIH Guidelines for Asthma Therapy" April 19, 1993
- Yale University School of Medicine, Office of Postgraduate and Continuing Medical Education, "Comprehensive Care of the Pediatric Patient: Managing Trauma in the Office Practice" May 12, 1993
- St. Francis Hospital and Medical Center, Continuing Medical Education, "Current Issues in Pediatrics for the Practitioner" April 6, 1994
- Windham Hospital Continuing Medical Education, "Asthma Update- Current Treatment for Asthma" February 28, 1994
- Windham Hospital Continuing Medical Education, "Ethics and the Genetic Revolution" April 11, 1994
- Windham Hospital Continuing Medical Education, "Hyperlipidemia" April 18, 1994
- Windham Hospital Continuing Medical Education, "Sexually Transmitted Diseases" May 2, 1994
- Windham Hospital Continuing Medical Education, "Asthma and Allergic Rhinitis" May 23, 1994
- Newington Children's Hospital, "Current Musculoskeletal Conditions in Children: An Update for the Primary Care Provider" May 18, 1994
- St. Mary's Hospital, Waterbury, CT, Affiliated with Yale University School of Medicine, Office of Medical Education, "Mental Health Issues for the Pediatric Care Provider" November 3, 1994
- Newington Children's Hospital, "Common Pediatrics Problems II" November 12, 1994

- Miami Children's Hospital, Emergency Medical Services, Pediatric Advanced Life Support / Trauma Life Support January 22, 1995
- Pediatric Postgraduate Course, Miami Children's Hospital, Continuing Education in Pediatrics. January 22 - 26, 1995
- Windham Hospital Continuing of Accomplishment,"Neonatal Resuscitation Course" March, 1995
- Windham Hospital Continuing Medical Education,"Suicide in Pediatrics & Adolescents" October 9, 1995
- Connecticut Medical Insurance Company, Continuing Medical Education, CMIC Risk Management Self-Study Program"The Physician-Patient Relationship, Part IX" December 1995
- St. Francis Hospital, Continuing Medical Education,"Current Issues in Pediatrics for the Practitioner" April 4, 1996 (5 Credits)
- Connecticut Children's Medical Center, Continuing for Education, "Update on Management of the Epileptic Patient", May 8, 1996
- Windham Hospital Continuing Education,"Clinical Implications of Antibiotic Resistance in the Critical Care Setting", June 3, 1996
- Windham Hospital Continuing Education,"Methadone Usage", June 17, 1996
- Windham Hospital Continuing Education,"Update on Therapy of Acid/Peptic Disorders", September 16, 1996
- Windham Hospital Continuing Education,"New Developments in the Treatment of Diabetes", September 30, 1996 (1.0 Credit)
- Windham Hospital Continuing Education, "Depression", October 21, 1996
- Windham Hospital Continuing Education,"Helicobacter Pylori Update", November 4, 1996
- Windham Hospital Continuing Education,"Epilepsy Update", November, 11, 1996

- Connecticut Medical Insurance Company Continuing Education, CMIC Risk Management Self-Study Program, "The Physician-Patient Relationship, Critical Issues in Health Care Today", November, 1996
- St. Francis Hospital Continuing Medical Education, "Current issues in Pediatrics for the Practitioner", April 16. 1997
- Windham Hospital Continuing Education, "Detoxification for Drug and Alcohol Abuse", January 13, 1997
- Windham Hospital Continuing Education, "Herpes Excitement", January 27, 1997
- Windham Hospital Continuing Education, "Doctor-Patient Confidentially, Legal Liability", March 24, 1997
- Windham Hospital Continuing Education,"Lyme Disease : Issues and Management", June 30, 1997
- Connecticut Medical Insurance Company Continuing Medical Education, Risk Management Self-Study Program "The Physician-Patient Relationship, The Compendium Edition", November, 1997
- The University of California, Irvine, College of Medicine, Department of Continuing Medical Education,"Clinical Management of Acute Headache", November 15, 1997
- Harvard Medical School, Department of Continuing Education,"Current Clinical Issues in Primary Care", November 14-16, 1997
- The University of Massachusetts Medical School, Department of ContinuingEducation, "Current Concepts Upper Respiratory Disease", November 15, 1997
- Projects in Knowledge, Accreditation Council for Continuing Medical Education, "Taking Control of Epilepsy in the Primary Care Setting", November 16, 1997
- University of Connecticut School of Medicine Leon Chameides scientific

Day, Dec. 6, 1997
- University of Connecticut Medical Health Center, "Nitty Gritty Course in Newborn Resuscitation" : a) Umbilical Catheterization, b) Thoracentesis, c) Intubation CMIC October 20 – 21, 1998
- University of Wisconsin-Madison Medical School, Continuing medical Education "Medical Legal Vigilance in Asthma Care Therapy" November 14, 1998
- Harvard Medical School, Department of Continuing Education,"Current Clinical Issues in Primary Care", November 13-15, 1998
- Delivering on the Promise of Medicine: Where Are We Headed?
- Common Problems in Primary Care
- Pediatric Pearls
- Pediatric Trends
- Through the Patient's Eyes
- Pediatric Subspecialties
- Updates in primary Care Practice
- Asthma Therapy
- Epilepsy
- Keeping Up with Medical Information
- New Areas in Primary Care Practice
- Special Areas in Primary Care
- The University of Massachusetts Medical School, Office of Continuing Education, Acute Headache, November 13, 1998
- The University of Massachusetts Medical School, Office of Continuing Education, Asthma Therapy, Nov. 14, 1998
- Tufts University School of Medicine, Boston, MA, Nov. 15, 1998
- Connecticut Medical Insurance Company Continuing Medical Education, Risk Management Self-Study Program "Meeting the Challenge in Today's

Physician Practice Expanding Liability issues", November, 1998
- Windham C.M.H. "Diabetes Update", September 28, 1998
- Windham C.M.H. "Treating Non-Malignant pain", November 30, 1998
- Windham C.M.H. "Resistant Gram Positive Infection in the 1990's and in the Future", April 26, 1999
- Windham C.M.H."Compliance for DRG's", October 13, 1999
- Windham C.M.H."Sleeping Disorders" November 15, 1999
- Connecticut Medical Insurance Company, Continuing Medical Education "Meeting the Challenges in Today's physician Practice-Part Ⅱ Exploring Practice Issues" November 1999
- Connecticut Medical Insurance Company Continuing Medical Education,"Risk Management in the Office Practice" November, 1999
- Windham C. M. H."Current Treatment in Moderate and End Stage COPD", December 11, 1999
- Windham C.M.H. "Antibiotic Selection in the Age of Resistance in Respiratory Tract Infections", February 7, 2000 (1.0 Credit)
- Imperatives in Asthma Management: the Teleconference Series Feb 22, 2000
- St. Francis Hospital Continuing Medical Education, The Center for Children's Health and Development Dept. the Pediatrics,"Current Issue in Pediatrics for the Practitioner" May 3, 2000
- Windham C.M.H. "Asthma & Allergic Rhinitis"May 22, 2000
- NCME VIDEO PROGRAM GUIDE # "Diabetes: Managing a 21st Century Lifestyle Disease"., July 31, 2000
- NCME VIDEO PROGRAM GUIDE #768 Communication : A Positive Approach to Risk Management, August 7, 2000
- NCME VIDEO PROGRAM GUIDE #770 Abnormal Uterine Bleeding: An Ultrasound Approach, August 14, 2000

- University of Wisconsin madison Medical School "Guidelines for the Diagnosis and Management of Asthma" in 2000, September 6, 2000
- Windham C.M.H. "HIV Update" October 2, 2000
- University of Wisconsin Madison Medical School "Guidelines for the Diagnosis and Management of Asthma" in 2000, October 19, 2000
- Connecticut Medical Insurance Company Continuing Medical Education, November, 2000
- CME Audioconferance Series : "Challenging Pediatric Asthma Cases" November 16, 2000
- The University of Connecticut Health Center, Newborn Intensive Care, May 20, 2005
- Harvard Medical School, Department of Continuing Education, Endocrine, MA, May 15-16, 2015
- Harvard Medical School, Department of Continuing Education, Infectious Diseases, in Primary Care Boston, MA, September 14-16, 2015
- Harvard Medical School, Department of Continuing Education, Child Neurology Course, Boston, MA, September 15-19, 2014
- 그 외

 소아 청소년과 전문의 자격시험, 보드 및 의사 면허
- 대한민국 의사국가시험 합격증 1963년 3월 26일
- 대한민국 의사 면허증 번호 10,367
- 대한민국 의사 면허증 갱신, 2011년 7월, 번호 7794.
- 대한민국 소아청소년과 전문의 자격증 1984년 4월 4일 번호 1198호
- The Educational Council for Foreign Medical Graduates 1963년 합격 번호 043-527

- License in Medicine - New York, USA, No. 111385(Flex)
- License in Medicine - Connecticut, USA, No. 016370- 2017 현재
- License in Medicine - North Carolina, USA, No. 23594
- Diplomat of the American Board of Pediatrics, USA, No. 16067
- New York State Medical Society, 1972 - 1973

미국 의사협회 회원 및 미국 소아청소년과학회 회원
- Wayne County Medical Society, 1972 - 1973
- Connecticut State Medical Society, 1973 to present
- Windham County Medical Society, 1973 to present
- Member, Adolescent Section of American Academy of Pediatrics, 1984 to present
- American Academy of Pediatrics Dedicated to The Health of all Children; Since 1974. 4. 1
- American Academy of Pediatrics, Regular 1974 - 2001

미국 소아 청소년과학회 펠로우
- American Academy of Pediatrics, Emeritus June 1, 2001 to present
- Health Director, Susan County Health Center, Chungnam, Korea, October 1963 - March 1965

경력

- 수료증 육군 군의학교 중위 1965년
- First Lieutenant in Korean Amy Medical Corps, Korea, April 1965 - June 1968
- Specialist II, Newark State School, Newark, New York 14513, July 1972 -November 1973
- Attending Physician at Newark-Wayne Community Hospital, Newark, New York and Lyons-Community Hospital, Barber Hospital, Lyons, New York, July 1972 to November 1973
- Solo Practice in Pediatrics, Willimantic, CT, Associate Staff, Windham Community Memorial Hospital, Willimantic, Connecticut, December 1973 to November 1974
- Dr. John Lee Solo Practice in Pediatrics, Active Staff, Windham Community Memorial Hospital, Willimantic Connecticut, December 1974 to September 1983
- Chairman of Library Committee of Windham Community Memorial Hospital, Willimantic Connecticut, 1977 to 1979
- 고신 의과대학, 초대 소아청소년과 주임교수 및 정교수 1983년 9월 ~ 1984년 2월 (자진 사퇴)
- Medical Staff, Newark Developmental Center, Newark, New York, February 1984 to August 1984
- University of Connecticut, Department of Pediatrics, School of Medicine, Clinical Instructor, Effective July, 1993
- University of Connecticut, Department of Pediatrics, School of Medicine, Assistant Clinical Professor, after Sept. 1, 1993
- University of Connecticut, Department of Pediatrics, School of Medicine, Assistant Clinical Professor, after July 1. 1997
- University of Connecticut, Department of Pediatrics, School of Medicine, Assistant Clinical Professor, after July 1. 1998
- University of Connecticut, Department of Pediatrics, School of Medicine,

Assistant Clinical Professor, July 1, 2001 to June 30, 2002
- Active Staff, Windham Community Memorial Hospital, 1984 - 2001
- Chief of Pediatrics, Windham Community Memorial Hospital, 1981, 1990, 1993
- Member of Task Force, Long Range Planning Committee, Windham Community Memorial Hospital
- Members of Executive Committee, Windham Community Memorial Hospital Staff, 1981, 1990, 1994
- Member of Willimantic Country Club (1980, 1981, 1993, 1994)
- School Physician in Bozrah and Franklin Elementary School, Connecticut 1976 - 1983
- Members of Infectious Committee, Windham Community Memorial Hospital 1984 - 1993
- Physician of Windham Clinic, 1984 - 1985
- Many Speeches to Korean, Brazil, USA for 'How to Really Love Your Children and Child Health' since 1991
- Chairperson of http//www. koreapediatrics. com-[부모도 반의사가 되어야 한다 - 소아가정의학 백과] and http://my.dreamwiz.com/drslee since March, 2001
- Honorable Retirement for Pediatric practice in November 5, 2001
- Free Health Care for Korean in All Over Worlds Through http//www.koreapediatrics.com and http://my.dreamwiz.com/drslee since, 2001
- 홍성고등학교 1957년도 졸업, 수석 우등생, 충청남도 도지사 상

포상, 표창, 감사, 칭찬

- Citation, Dick Brvenik, president of Windham Hospital
- Edward R. Browne, M.D. Senior Medical Staff and Director of Windham Hospital.
- American Academy of Pediatrics – Emeritus fellow status
- Local Pediatrician Also Noted Author– from Windham Hospital
- Windham Community Memorial Hospital, INC. acknowledges John Lee, M.D.
- "자녀를 어떻게 사랑해서 키우나" 세미나 – 홍성군수 이종근 감사패
- AMERICA'S TOP PEDIATRICIANS 2002 – 2003
- Guide to America's Pediatricians 2002 – 2003
- In Honor of Dr. John S. Lee from Minority community, Willimantic, Ct, USA from Ortis Family
- Stratmore's WHO'S WHO honors, John S. Lee, M.D.
- "In Grateful Appreciation" to John S. Lee, M.D. for 28 years of service 1973–2001 from Windham Hospital
- John Sangwon Lee, M.D. FAAP – National Registry of WHO'S WHO 2000 Edition
- 연세대학교 소아청소년과 감사장 – 주임교수 이기영 박사
- 어린이들 건강을 위한 세미나, 감사패 – 서산시장 조규선
- 봉사정신과 무료진료에 대한 감사패– 충남 서산시 서동 새마을금고 이사장 김정한
- Korean-American Society of Connecticut as President During 1993
- Thank You from 미국 President and Mrs. George Bush
- 미국 President and Mrs. George Bush의 The President's Dinner party invitation
- Tom DeLay, Majority Leader's invitation
- The National Republican Congressional Committee 'National Leadership Award' to Dr. John Lee Honorary, Space Co-Chairman Physician's Advisory board

- Staff Link Windham Hospital - 이상원 소아청소년과 전문의 퇴직
- National Registry of WHO'S WHO 2001 - 2001
- The Executive Committee, The Governing Members & The Chairman of the National Republican Congressional Committee Dr. John Lee in the City of Willimantic of the Great State of Connecticut
- President and Mrs, Ronald Reagan 83rd Birth Day Party's Invitation
- President and Mrs, Ronald Reagan's invitation
- 대한민국 평통자문위원 1993 - 1995
- 위촉장 - 2001년 연세대학교 뉴욕지구 동문회
- Certificate, This is Certify that John S. Lee, M.D. -The Chamber of Commerce, Inc 2001
- Citation, John S. Lee from Windham's Community Baby Shower November, 2000
- Certificate of Appreciation John S. Lee, M.D.- Connecticut Statewide Deputy Sheriffs Association Windham County 2000
- Connecticut Narcotic Enforcement Officers Association Certificate of Appreciation John S. Lee, M.D. 2000
- Thank John S. Lee from Windham's Community baby Shower May, 2000
- The Appreciation Letters, John S. Lee, M.D. -The Chamber of Commerce, Inc 2000
- Certificate of Appreciation YMCA of Willimantic In Recognition of John S. Lee, M.D. 1999
- 1999년 연세대학교 뉴욕지구 동문회 위촉
- The Appreciation Letters, John S. Lee from Windham Community Baby Shower November, 1999
- The Appreciation Letters, John S. Lee from Windham Community Baby Shower May, 1999
- The Appreciation Letters, This is certify that John S. Lee, M.D. -The Chamber of Commerce, Inc 1999
- The Appreciation Letters, Connecticut Narcotic Enforcement Officer

- Association Certificate of Appreciation John S. Lee, M.D. 1999
- Certificate of Appreciation YMCA of Willimantic In Recognition of John S. Lee, M.D. 1998
- The Appreciation Letters, Narcotic Enforcement Officers Association Certificate of Appreciation John S. Lee, M.D. 1998
- The Appreciation Letters, This is Certify that John S. Lee, M.D. -The Chamber of Commerce, Inc 1998
- 민주평화통일 자문회의 명예회원 위촉장, 대통령 김영삼 1995
- 위촉장 - 이상원 대전 엑스포' 93
- The Volunteer Fireman Certificate of Appreciation Presented to John S. Lee, M.D.
- 1996 Windham Region Community Dial-A Ride Campaign Certificate of Appreciation John S. Lee, M.D
- 위촉장 - 1997년 연세대학교 뉴욕지구 동문회
- The Appreciation letters, This is Certify that John S. Lee, M.D. -The Chamber of Commerce, Inc 1997
- 2003 Republican Chairman's Honor Roll- John - 2쪽
- MOM & I 잡지 표지인물 선정
- MOM& I 잡지 Board of Advisers, John S. Lee, M.D.
- Connecticut State, Governor John G Rowland Award in 2003
- American Medical Association 'Physician's Recognition Award' 1980
- ConnectiCare the Children's Health and Well-Being Award Recommend Letter by Joseph Lee, M.D.
- ConnectiCare 'the Children's health and Well-Being Award'
- Thank you from Annie and Frank Cronin
- Joining Hands 2005, Commemoration Anniversary Award, New York, Intercultural Community, Honorable Chairman, New York, State Senator, Frank Padaban
- 그 외

저서활동

- 소아가정의학 백과, 619 쪽 서문당 (Home Medical Care for Newborns, Infants, Children and Adolescents) 619 쪽, 1988
- 「10대 아들 딸 이렇게 키워라」「How to Really Love Your Teenager」 by Ross Campbell, M.D., 역저, 211쪽 1991
- 「소아가정간호백과-부모도 반의사가 되어야 한다」1076 쪽 청문각 1998
- 코네티컷 한인 주소록 및 한인회지 발간 1993
- 「"부모도 반의사가 되어야 한다"-http://www.koreapediatrics.com」 소아 청소년과학 웹 사이트 저작과 운영 2013 ~ 현재
- www.doctorleeflowerphoto.com. 2001 ~ presents
- 「마약과 아이들」열린지성, 1995
- 「임신에서 신생아 돌보기까지」261쪽. 청문각., 1998
- 신생아 영유아 학령기아 시춘기아 성장발육 623쪽, 좋은 땅 2014,
- 모유 모유수유 이유, 310쪽. 좋은 땅 2014
- 신생아 성장 발육 양호, 질병 611쪽 좋은 땅 2014
- 소아청소년 뇌전증(간질)+뇌전증 백문 백답. 241쪽 좋은 땅 2015
- 아들 딸 조건 없는 진정한 사랑으로 키우세요 그리고 인성교육은 이렇게. 647쪽. 양서각 2015
- 현재 "부모도 반의사가 되어야 한다" 총 22권 약 20,000페이지 분량의 E-books, 종이책 출판 준비 중 – http://Blog.naver.com/drsangwonlee

라디오, 신문, 매거진 등 각종 기고

- 더 건강하게-더 즐겁게 삽시다, 뉴욕 중앙일보
- 자녀교육 – 상– 우리의 자녀들이 마약에 물들고 있다, 눈길 신체적 접촉은 가장, 뉴욕 한국일보
- 임신 초기 임부의 감정, 한국일보
- 자녀교육 –하 – 우리의 자녀들이 마약에 물들고 있다, 18세 청소년 중 40%가

마약 경험, 뉴욕 한국일보
- 10대 자녀의 영적 발달을 돕는 일- 2 뉴욕 한국일보
- 자녀 성장기에 따른 예방접종 1993년, 총연신문
- 건강특집 이상원 박사의 「소아가정간호백과-부모도 반의사가 되어야 한다」 3년간 연재, 세계일보
- 10대 아들, 딸 이렇게 키워라- 우울증 풀기 위해 때로 과격행동도 일삼아, 세계일보
- "항생제 치료받아야" 한국일보
- 아이의 훔치는 버릇, 미주 중앙일보
- 소아 기관지 천식, 한국일보
- 십대의 임신, 한국일보
- 유아기 감기, 한국일보
- 보통 3-5분 정도 재고 부위에 따라 체온도 조금씩 차이, 한국일보
- 우유 알레르기, 유당효소 부족한 아이 복통 설사 등 일으킬 수도, 한국일보
- 자녀들 성교육, 코네티컷주 한인회보 99년 제 3호
- 그 외 다수

 언론에 비친 이상원 소아 청소년과 전문의

- Physician Puts Patients First 환자를 우선 생각하는 소아청소년과 전문의 이상원, Norwich Bulletin, CT, US
- State School Names Medical Specialist
- 이상원 박사 '소아가정간호백과-부모도 반의사가 되어야 한다' 퀸에서
- Willimantic Pediatrician called the 'Dr. Spock' of Korea The Chranicle
- Young Ben Boucher is on the Men - Hartford Courant, Harford, CT, US
- Forum looks at family violence child abuse-Hartford Courant 1992 May
- Korean-American try to find middle-Hartford Courant 1993 April

- Safe New Vaccine Comment the Chronicle 1985 5월
- Hospital News - 고신의대 소아청소년과 주임교수 부임
- 부모들은 알레르기에 대해 알아야 한다. - Chronicle 1982년 3월
- Eastern Wayne to Have part-time pediatrician - 1973
- 「부모도 반의사가 되어야 한다」 - 연세소식
- 어른이 알아야 할 소아가정의학 지침서 「부모도 반의사가 되어야 한다」
  - 뉴욕 한국일보
- 「10대 아들딸 이렇게 키워라」, 이상원 동창과 홍원표 교수 - 연세대학교 의료원소식
- 서산출신 소아청소년과전문의 이상원 박사 - 서령신문
- 자녀교육 부모관심 가장 중요 - 대전일보
- 11월 두 번째 만난 꿈이 있는 사람들 - DreamWiz

 각종 미디어 기고
- 더 건강하게 - 더 즐겁게 삽시다, 뉴욕 중앙일보
- 자녀교육 - 상- 우리의 자녀들이 마약에 물들고 있다, 눈길 신체적 접촉은 가장 뉴욕 한국일보
- 임신 초기 임부의 감정, 뉴욕 한국 일보
- 자녀교육 -하- 우리의 자녀들이 마약에 물들고 있다, 18세 청소년 중 40%가 마약경험, 뉴욕 한국일보
- 10대 자녀의 영적 발달을 돕는 일- 2 뉴욕 한국일보
- 자녀 성장기에 따른 예방접종 1993년, 총 연합신문
- 건강특집 이상원 박사의 「소아가정간호백과-부모도 반의사가 되어야 한다」 3년간 연재, 뉴욕 세계일보
- 10대 아들, 딸 이렇게 키워라- 우울증 풀기 위해 때로 과격행동도 일삼아, 뉴욕 세계일보
- "항생제 치료받아야" 뉴욕 한국일보

- 아이의 훔치는 버릇, 미주 중앙일보
- 소아 기관지 천식, 뉴욕 한국일보
- 십대의 임신, 뉴욕 한국일보
- 유아기 감기, 뉴욕 한국일보
- 보통 3-5분 정도 재고 부위에 따라 체온도 조금씩 차이, 뉴욕 한국일보
- 앨러지나 유당효소 부족한 아이 복통 설사 등 일으킬 수도, 한국일보
- 자녀들 성교육, 코네티컷주 한인회보 99년 제 3호
- 그 외 다수

 TV, 라디오, 세미나, 무의촌 진료, 무료건강검진
- 안면도 무의촌 진료활동 – 의과대학 재학 중
- 아동양육 이상원 박사 –East Rock Institute New Haven, CT
- 사랑하는 자녀 이렇게 키우라– 이상원 박사 초청 세미나
- 이상원 의학박사 청소년 교육을 위한 부모초청세미나 브라질 기독신문
- "사랑하는 자녀 이렇게 키워라" 이상원 박사 초청 브라질
- "사랑하는 자녀 이렇게 키워라" – 자녀와 부모 및 교포지도자, 브라질
- "사랑하는 자녀 이렇게 키워라"이상원 의학박사 청소년 교육을 위한 부모초청세미나 브라질 기독신문
- 자녀교육 부모관심 가장 중요– 대전일보 1993년 8월 9일
- 아이들을 어떻게 사랑해서 길러야 하나? 교양강좌 – 현대석유화학 소식
- 자녀에겐 조건 없는 사랑 필요– 서산방문 대전일보
- 무료 건강 상담 및 세미나에 대한 이모저모
- 홈닥터 이상원 무엇이든 물어보세요에 대한 세미나– 방배국민학교
- 알레르기성 질환에 관한 세미나 – 미국 코네티컷주 한인장로교회 장년회
- 좌담 시간에 대한 편지 – 미주 기독교 방송국
- Ch. 48 TV-KOREA- "청소년 교육 무엇이 문제인가" 좌담회 1996년 6월 9일

- 사랑하는 자녀를 이렇게 키워라 - 보스톤 성결교회 1999년 5월 23일
- 부모도 반의사가 되어야 한다 - 아이들을 어떻게 사랑해서 키우느냐에 대한 세미나 호서대학 2002년 5월
- 뉴헤이븐 한인교회 - 무료건강진료 2003 7월

코네티컷주 17대 한인회장과 이사

- 한인회장을 하면서
- 1993년도 이사, 회장단 및 임원
- 한인회장직을 마치면서 - 감사장 1993년
- Senator Christopher Dodd, 미 상원의원의 편지
- 코네티컷 한인회 신임회장에 이상원씨 선출
- Congresswomen Nancy Johnson미 하원의원께
- 미 코네티컷주 Governor The Honorable Lowell P. Weicker, Jr께
- 코네티컷주 한인회, 장학금 기금마련을 위해 뉴욕 한국 총영사배 쟁탈 골프대회 개최, 한국일보
- 코네티컷주 한인회, 장학기금마련 골프대회 - 뉴욕 세계일보
- 코네티컷주 한인 주소록 발간준비 - 뉴욕 한국일보
- 총 연회장 신영필의 편지 - 각 분과위원회 사업계획 및 예산안
- 코네티컷 한인회 무료건강진단 - 뉴욕 한국일보
- 코네티컷 한인회 무료건강진단 실시 - 한국일보
- 뉴욕 총영사 이현홍 대사님을 모시고
- 뉴욕 한인회 회장 김재택의 서신
- AT & T - 한인회 모금을 위한 서신
- 한인 망년회 초청의 말씀
- 코네티컷주 한인회 송년의 밤 - 뉴욕 중앙일보
- 코네티컷주 한인회 「송년의 밤」 - 뉴욕 중앙일보
- 코네티컷주 한인회 정기총회 - 뉴욕 조선일보

- 코네티컷주 한인회 송년행사성황 – 뉴욕 세계일보
- 아듀 1993년 – 뉴욕 총연합신문
- 코네티컷주 한인 주소록 1993
- 코네티컷주 한인회지 제4권 1호 발행, 한인회장 이상원
- 코네티컷주 한인회지 제4권 2호 발행, 한인회장 이상원
- 코네티컷주 한인회지 제4권 3호 발행, 한인회장 이상원
- 코네티컷주 한인회지 제4권 4호 발행, 한인회장 이상원
- 그 외

John S. Lee, M.D 동네 소아 청소년과 개업 및 진료 활동

- 1973년 12월 Willimantic CT, USA에서 소아 청소년과 개업
- 소아 청소년과 전문의들과 함께
- 병원소식 _ 이상원 소아 청소년과 전문의가 한국 고신의대 소아 청소년과 주임교수로
- Chief of Staff, William Whalen, M.D.의 편지
- 소아 청소년과 개업 중 또는 소아 청소년과 개업을 그만두고 한국 고신의과대학으로 떠날 때 부모들에게 보낸 편지로부터 받은 편지
- UCONN 의과대학 Miltom Markowitz, M.D. Professor of Pediatrics, Associate Dean으로부터
- Richard Dibala, M.D.의 편지
- 환자들로부터 받은 사진
- 환자의 부모들로부터 받은 글 – Chronicle
- Ronald Kelly, M.D. 동료 소아 청소년과 전문의로부터
- Elena Moebus 편지
- Beth Pelletier 편지
- John S. Lee 개업 광고

- Mr. and Mrs. Haddads
- 목사님으로부터
- Judy Small
- Coolbeth family
- Health Care Financing Administration 1998-2000
- Health Care Financing Administration 1996-1998
- 정년퇴직을 하면서 - Chronicle
- 정년퇴직을 하면서
- 그 외

 이상원
- Date of Birth : October 9, 1936
- 부인 이춘자
- 2남1녀(아들 동형·건형, 딸 진이)
- 손자 두명, 손녀 한 명
- 취미 : 골프, 등산, 여행, 가드닝, 집 페인팅, 꽃 사진 찍기, 책 읽기, 글쓰기

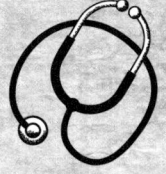

제1장
나는 어디서 왔나?

제1장 나는 어디서 왔나?

나의 친할머니 황 씨

　나의 할아버지는 막내 고모를 임신했을 때, 아버지가 4살 때, 나의 친할머니가 36세 때 돌아가셨다. 할머니는 36세에 초년과부가 된 것이다.

아들 셋, 딸 셋 6남매를 낳고 홀로 키우셨다. 막내 고모는 아버지의 얼굴도 보지 못하고 자랐다. 작은 큰 아버지는 작은 할아버지의 도움으로 초등학교를 졸업하셨지만, 큰 큰 아버지와 우리 아버지는 학교를 다니지도 못하셨다.

나의 아버지는 작은 아버지의 아들, 즉 아버지의 사촌과 같이 작은 아버지 댁에 살면서 초등학교를 다니라고 했었지만 작은 아버지 댁에서 사촌과 차별대우를 받아 홀어머니가 계시는 남면 집으로 돌아왔다. 이 후 정식 학교를 다니지 못하고 서당에서 한문만 조금 배우셨다.

나의 아버지는 시골 농사꾼이라 하기에는 너무 잘 생기셨다. 몸집이 크고 힘도 세고 말도 잘하고 판단력도 좋고…무엇보다 살아가는 수완이 좋아 그 지방에서 아버지를 모르는 사람이 없을 정도였다. 그리고 동네에서 꽤 부자 집으로 알려졌다. 이장도 하시는 등 동네에서 이름 깨나 알리며 지낸 분이었다.

나의 할머니는 큰 아버지와 같이 살면서 왕복 20리 길을 걸어 우리 집에 오시곤 했다.

할머니 이름은 황 씨. 충남 서산군 부석면 부석이 고향. 친정은 어떤 집안이었는지 말씀 하시지 않아서 잘은 모른다.
하지만 할머니의 얼굴은 항시 편안하고 마음이 뚜렷하셨다.
할머니는 나에게 옛날이야기를 많이 해주셨다.
내가 의과대학을 다닐 때 하도 바빠 자주 인사를 드리지 못했지만, 그 옛날 할머니 무릎을 베고 누워 옛날이야기를 듣던 때가 가끔씩 떠오르곤 한다.
할머니께서는 94세에 돌아가셨다.
아버지께서 하루는 할머니께 인사를 드리려고 왕복 20리길을 걸어서 큰 큰 아버지 댁에 갔었다. 도착하자마자 아버지께서 본 것은 할머니께서는 손자가 싼 똥을 걸레로 훔치고 그 걸레의 똥을 털어 버리지도 않고 깨끗한 마루를 닦으시는 충격적인 할머니의 모습이었다.
그 일이 있은 얼마 후 할머니께서는 대변을 제대로 보시지 못하셨다. 그렇게 얼마 동안 고생하시다 작고하셨다고 한다.
나는 의사가 된 후 할머니께서 돌아가시기 전까지 한 번도 뵙지 못했다. 이 얼마나 불효한 손자였나.
죄송하기 한이 없다.
내가 안중공립초등학교를 다닐 때 우리 집에 오시면 손자에게 옛날이야기를 많이 해 주셨다. 다음 이야기들은 할머니께서 내게 들려주신 이야기들 중 기억에 남는 일부분이다.

옛날에 두 아들을 둔 엄마가 둘째 며느리를 구한 이야기

맏며느리가 하도 칠칠치 않아 항시 걱정이 되었다.
바느질 할 때는 실 골패를 토방에 떨어트려 놓고, 바늘은 요에 박아놓고, 짖던 옷은 반만 짖고 끝을 내지 않았다.

부엌 그릇은 한 번도 깨끗하게 씻지 않고, 밥도 반만 익혀서 식구들에게 주고, 옷을 입고 다니는 것도 어설펐다. 그런 맏며느리를 둔 시어머니는 항시 가슴을 졸이며 살았다.

하루는 이웃에 사는 부인이 놀러 와서 이 얘기 저 얘기를 하다가 작은 아들 며느리 감을 구하는 말을 꺼냈다.

그 부인이 후르개 야산을 넘어 집펑골을 가서 거기서 젖개를 지나 딴둑 마을에 가면 좋은 며느리 감이 있다고 말했다.

그 부인 왈, 그 처녀는 얼굴 생김새나 모양새가 정말로 아름답다고 했다.

한 번은 그 집에 갔더니 처녀가 바느질을 하고 있었는데 바느질 하나 하는 것도 차분하고 조신하기 그지 없었다는 것이다.

이런 이야기를 가만히 듣고 있자니 보지도 않은 그 처녀를 둘째아들 부인, 즉 둘째 며느리로 삼을 것이라고 마음속으로 결정을 했다.

드디어 둘째 아들 결혼식 날이 왔다. 가마에서 내리는 그 처녀는 앉은뱅이였다.

내가 그때 첫째 아들의 부인을 진료했더라면 나는 그녀에게 그녀에게 집중력 결여증 또는 활동과다증(ADHD)이라고 진단했을 것이다.

대감댁에서 신부감을 구하기 위해 시험을 본 이야기

한 마을 대감님이 며느리 감을 구하기 위해 광고를 냈다.
이곳저곳 마을에서 시집을 못간 노처녀들이 신부가 되기 위해 모여들었다.
길게 땋은 머리에 모시 치마적삼을 입고 짚신을 신고 시골 노처녀들이 대감 댁 신부가 되고 싶어 시험을 보러 온 것이다.
장차 신부가 될 처녀들에게 여러 시험문제들을 주었다.
그 중 다음 두 가지 시험문제가 며느리 감을 뽑는데 가장 중요했다.
장차 시어머니가 될 부인의 허리는 땅에 닿을 정도로 굽었다.
부인은 요즘처럼 악수도 하지 않고 안아주거나 눈길도 마주치지 않은 채 "왔니"하고 인사를 했다.
물론 찬물 한 잔도 주지 않고 며느리 감을 구하기 위해 질문을 시작했다.
꽃 중에 무슨 꽃이 제일 예쁘냐고 물었다.
어떤 처녀는 나팔꽃도 예쁘고 노란 씀바귀 꽃도 예쁘고 아름답다고 답했다. 곧 이어 숨을 쉴 사이도 없이 저 앞산에 피어있는 진달래꽃도 아름답다고 답변했다. 그 뿐만 아니라 찔레꽃은 얼마나 아름다운지 모르겠다고 답했다.
달래꽃도 아름답지만 도라지꽃이나 더덕꽃도 아름답고 갈대꽃도 억새꽃도 아름답고 개나리꽃도 아름답다고 말하면서 이 세상에 피는 꽃은 다 예쁘다고 답변했다. 이어 데이지꽃, 호박꽃, 참외꽃, 에스타꽃도 아름답다고 답했다. 그러면서 그 중 장미꽃이 가장 아름답다고 말했다.
그 다음에도 다른 처녀들에게 일일이 무슨 꽃이 가장 예쁘고 아름다우냐고 물었다. 그들의 대답은 거의 같았다.
그들 중 용모도 바르고 태도도 방정하고 눈에서 빛이 나는 한 처녀에게 꽃 중에 무슨 꽃이 제일 예쁘냐고 물었다.
그 처녀는 자애로운 표정으로 위에서 열거한 꽃들은 다 아름답지만 나는 밭에 심은 목화꽃이 참 아름답고 가을에 논에 핀 벼꽃이 제일 아름답다고 눈웃음을 치면서 답변을 했다. 그때 장차 시어머니이 될 부인이 무릎을 치면서 아주 좋아했다.

부인의 두 번째 질문은 새들 중에서 무슨 새가 가장 크냐는 것이었다. 어떤 처녀는 까마귀가 가장 크다고 답을 하고 어떤 처녀는 까치가 가장 크다고 답했다.

어떤 처녀는 뱁새가 가장 크다고 했고, 어떤 처녀는 황새가 가장 크다고 했다.

또 매, 솔개, 오리, 기러기, 백조도 다 크다고 답한 처녀도 있었다. 그러나 한 처녀는 새들 중 가장 큰 새는 먹새라고 대답했다. 사실은 먹새는 새가 아니지만 먹는 음식물을 새라고 했다. 시어머니가 될 부인이 또 무릎을 크게 치면서 좋아했다.

장차 시어머니가 될 부인은 두 질문에 대한 답변 중 목화꽃과 벼꽃이 가장 아름답고 새들 중 가장 큰 새는 먹새라고 답한 처녀를 며느리로 삼았다. 지금 생각해 보면 우리 할머니는 상당히 현명하신 분이었다.

뱃놈 인사 세 번

안면도 섬에서 자랄 때 서울깍쟁이들은 듣지도 못했을 말들을 많이 배웠다.

안면도는 섬이기 때문에 안면도 사람들은 그 당시 서산, 홍성, 보령, 서천, 군산 등을 가리켜 육지라고 불렀다.

안면도 사람들이 육지에 가려면 안면도 해변 이곳저곳에서 장배나 나룻배를 타고 나가는 것이 보통이었다. 장배나 나룻배가 안면도 섬에서 육지로 가는 정기 교통수단이었다.

안면도 내에서 생산되지 않는 대부분의 생활필수품을 홍성군 광천읍에서 열리는 5일장에서 구매했다.

안면도 내 대부분의 구멍가게는 광천 장에 가서 도매로 물건들을 구매해 안면도 곳곳에서 소매로 팔았다.

때로는 안면도에서 생산되는 해물, 특히 김 등을 광천 장에 가서 팔기도 했다. 때로는 직접 홍성읍에 가서 필요한 물건들을 떼다 팔기도 했다.

그 당시 먼 육지에서 친척을 방문하러 안면도로 온 손님이 육지로 돌아가거나 안면도에서 사는 가족 중 누가 여러 가지 이유로 육지로 갈 때도 장배나 나룻배를 이용했다.

안면도 사람들이 장사 물건을 사기 위해, 또는 다른 이유로 천수만을 거쳐 육지로 갈 때는 안면도 승언리 독개 해변에서 장배나 나룻배를 타고 가는 것이 보통이었다.

안면도 사람들은 육지로 나갈 때 허리를 굽혀 '잘 다녀 오겠습니다'하고 인사를 했다.

십리 길이나 오리 길을 걸어서 배가 떠나는 해변에 갔을 때, 바람이 너무 불어서 배가 예정한 때에 떠나지 못할 수도 있다. 가령 아침 9시에 떠날 예정인 장배가 바람 때문에 저녁 9시로 출발 예정 시간이 바뀔 수도 있다. 그러면 저녁 9시에 배를 타기 위해 다시 와야 한다.

저녁 9시가 되기 전에 '안녕히 계세요. 잘 다녀 오겠습니다'라고 두 번째 인사를 하고 배를 타러 갔으나 이번에도 바람이 계속 불어 배가 떠날 수 없으니 내일 아침에 오라고 하면 할 수 없이 다시 집으로 돌아가야 했다.

그 다음 날 아침 '잘 다녀 오겠습니다'라고 세 번째 인사를 하고 배를 타러 갔다. 다행히도 장배가 떠날 수 있어 이처럼 만 24시간 만에 육지로 가기도 한다.

이뿐만 아니라 연평도로 조기를 잡으러 가려는 뱃사공이 집을 떠날 때, 때로는 부모님께 '잘 다녀 오겠습니다'라고 열 번도 더 인사를 했었다고 한다.

그 당시는 전화도 없었고 라디오, TV도 없을 뿐 아니라 인터넷도 아이패드도 없고 일기예보를 해주는 신문도 없었다.

이러한 시대에 살았던 섬사람들은 배를 타고 어디를 갈 때마다 부모님들께 여러 번 인사를 해야했다.

'뱃놈 인사 세 번'이라는 말이 여기서 생긴 것 같다.

이 말도 할머니께서 해주신 이야기이다.

아이들의 생일과 아버지들의 제삿날이 같은 섬마을

안면도 주위에는 황도, 간월도, 죽도, 장고도, 고대도, 원상도, 효자도 등의 작은 섬들이 있다.

안면도에서 돈이 좀 있는 부잣집들 중에는 큰 중선 배를 사서 조기를 잡으러 멀리 연평도 바다로 떠나기도 했다.

중선 배가 출항하기 전에 돼지머리를 삶아 놓고 바다 신령님께 고사도 지냈다. 중선 배에 잡은 조기 등 고기를 저릴 소금과 질그릇 독, 식수를 싫고 떠난다.

때로는 물고기 대신 새우를 잡기도 한다.

바다에서 고기를 잡으면 고기를 질그릇 독에 넣고 소금으로 절여 고기가 썩지 않게 한다.

독에 담은 새우도 소금으로 절인다. 그래야만 잡은 고기가 썩지 않는다. 저린 후 시간이 지나면 새우가 삭아 맛있는 진짜 새우젓으로 변한다. 이것을 광천 독배에 팔면 독배 새우젓이 되고 홍성에서 팔면 홍성 새우젓이 된다.

조기도 잡으면 질그릇 독에 넣고 소금으로 적절히 절여 조기가 썩지 않게 한다. 소금으로 절인 조기를 햇볕에 말리면 굴비가 된다. 이렇게 소금에 잘 절여 조기가 부패하는 것을 방지했다.

요즘은 고기가 부패하지 않도록 화학물질로 처리하기도 한다고 한다.

화학물질로 조기 등 생선이 부패되지 않게 처리하면 죽은 생선의 눈이 반짝거려 살아 있는 고기처럼 보인다. 지느러미와 비늘, 꽁지도 산 물고기처럼 보인다. 이런 화학물질로 취급한 물고기의 맛이 소금에 절여 말린 물고기의 맛에 견줄 수 있으랴.

요즘 대부분의 젊은이들은 소금으로 절인 중선 잡이 물고기와 화학물질로 썩지 않게 처리한 물고기의 맛이 어떻게 차이가 나는지 잘 모른다.

생각해 보라.

죽은 지 몇 달 내지 몇 년이 된 후에도 새우의 눈이 산 새우의 눈처럼 까맣고 반짝반짝 빛나고 새우의 수염이 산 새우의 수염과 같아 전체적으로 살아있는 새우처럼 보이는 새우젓은 소금으로 절여서 만든 새우젓이 아니다.

사공 한 사람과 뱃사람 둘 셋이 중선 배를 타고 몇 달 동안 연평도 바다에서 조기 등 여러 종류의 물고기를 잡아 육지로 돌아와서 팔았다. 보통 중선 배의 주인은 고기를 잡으러 가지 않고 사공과 어부들 몇 명을 고용해서 중선 배 사업을 한다.

때로는 중선 배가 풍랑을 만나 배가 전복하면 사공도 어부들도 한 번에 익사하고 중선 배도 잃고 만다. 가끔은 이러한 일로 중선 배 주인도 가난뱅이가 되기도 한다.

중선 배 사업을 하는 동네에 사는 사공과 어부들은 바다에 빠져 한

날에 사망할 수도 있다. 그래서 한 동네에서는 시체도 없이 여러 어부들의 장사를 같은 날에 지내기도 한다.
하지만 사랑하는 부인과 자녀들을 위해 집에서 멀리 떨어진 망망대해에서 몇 달 동안 고기를 잡은 어부들은 같은 날, 같은 시간에 집으로 돌아와서 즐거운 시간을 갖는다.
그래서 그 섬 마을 아이들의 생년월일이 다 같은 헤프닝이 벌어진다.

나의 외할아버지와 외할머니

　나의 외할아버지 존함은 정대하(丁大河)이고, 나주 정(丁) 씨. 조선의 문신이자 실학자, 저술가, 시인, 철학자, 과학자, 공학자로 알려진 정약용의 3대 후손이다.
외할아버지는 한학을 조금 공부하셨고, 나를 아주 많이 사랑해주셨다.
인삼, 복량, 세심, 창출, 반하, 천남성, 호박, 잔대, 미나리, 작약, 마, 감초, 마늘, 생강, 씀바귀, 구기자, 뱀 술, 육무초(익모초), 당귀, 녹각, 치자, 오미자, 산수유, 녹용, 웅담, 칡, 우슬, 맥문동, 돈나물, 취나물, 쑥, 지네, 당귀, 산 작약, 감초, 해구, 지총 등 한약 재료에 대해서 많이 가르쳐 주셨다.
멍구, 두릅, 까치발, 고비, 고사리 등의 산나물과 달리, 쑥, 미나리, 질경이 등 들나물을 뜯어다 먹는 법을 가르쳐 주셨다.
논 수렁 물웅덩이 물을 바가지로 퍼내고 붕어, 미꾸라지, 장어, 새우, 우렁, 뭇게 등을 잡아서 먹는 법도 가르쳐 주셨다.
나는 잠시도 가만히 앉아있지 않고 무엇이든 하려고 했기 때문에 동네 사람들이 '똘똘이'라는 별명을 붙여 주었다. 나의 호기심을 외할아버지께서 많이 채워주셨다.

외할머니의 존함은 강 씨, 슬하에 1남 4녀를 두셨다.
외할머니는 홍성군 홍동면 월현리 개월에서 살았다.
외할머니의 한 여동생의 아들 주연종 씨는 홍성읍 문화원 원장이었고, 그 분의 누님의 남편 심창구 씨는 홍성군청에서 과장 직위에 있었고, 외할머니의 다른 여동생 따님의 남편은 홍성경찰서 경위 직위에 있었다.
나는 어머니의 친정 식구들도 모두 흙수저계급에 속해 있는 줄 알았다가 홍성중학교에 입학한 후 외가댁의 가족들이 그 당시 은수저 계급에 속하는 분들임을 알고 깜짝 놀랐다.
외할머니는 103세까지 장수해서 충남 홍성군 장수 백수 상을 타셨다. 술, 담배를 전혀 하지 않고 거짓말도 안 하시고 일생 동안 농사를 짓고 산 장한 할머니였다.

나의 외할아버지

나의 외할머니

내가 홍성고등학교 2학년 때 패혈증과 다리에 생긴 농양으로 사경을 헤맬 때, 외할머니 댁에서 3개월 간 한약으로 치료를 받았다. 그때 나의 병간호를 도맡아 해주신 외할머니께 다시 한 번 감사드린다.

미국에서 소아 청소년과학 레지던트 수련을 마치고 10년 만에 고국을 방문했을 때, 쌀 열 가마니만큼의 현금을 드리고 왔다.

그 후 다시 뵙지 못한 채 돌아가셨다. 이런 불효자를 용서해주세요. 할머니.

나의 어머니와 아버지

나의 어머니 존함은 정향섭(丁香燮), 나주 정(丁) 씨, 정약용의 3대 후손, 고향은 충남 홍성군 홍동면 월현리 개월이다.

아버지 존함은 이시우(李時雨). 경주 이 씨. 파는 석탄파, 경주 이 씨 항렬 38세. 고향은 충남 서산군 남면면. 한학만 조금 공부하셨다.

큰 아들인 나는 미국 소아 청소년과 전문의, 한국 소아청소년과 전문의, 며느리인 나의 아내는 약사, 작은 딸 상숙이는 간호사이고 목사, 장 손자 동형이는 네트워크 엔지니어, 손자 건형이는 미국 내과전문의, 손녀 딸 진이는 미국에서 석사학위를 소지한 초등학교 교사, 외손녀 영은이는 간호사, 외손녀 딸 세영이는 은행원. 외손녀 딸 미순이는 심리학 전공 미국 코네티컷주 노동부 근무, 외손자 정민이는 미국 코네티컷주 노동부 근무. 손녀 나리는 변호사, 그의 남편은 판사.

모두 자기 자리에서 열심히 살고 있어 다들 기특하고 대견하다.

미국으로 이민 오신 후 아버지와 어머니는 큰 아들인 우리 집에서 며느리, 손자, 손녀와 같이 돌아가실 때까지 사셨다. 이민 오신 후 3년 안에 작고하셨다. 너무도 마음 아프다.
생각해 보면 두 부모님을 항상 모시고 살지 못해 죄송스럽기만 하다.
불효자인 저를 용서해 주세요.

나의 어머니 　　　　　　　나의 아버지

부모님을 공경하라 부모님에게 효도하라 부모님을 섬기고 보살펴 드려라.
부모님께 인사 드려라.
이는 인간이 할 일이고 도리이고 걸어 갈 정도이고 인간이 따라야 하는 천리 아닌가.
머리에서부터 손발 끝까지 자주 보살펴 드려라.
입은 옷 외풍에서 부모님들이 애원하는 마음을 읽을 수 있지 않은가.

너를 남들에게 맡기지 않고 키운 것처럼 부모를 시설로 보내지 말라.
돈 보다 명예보다 너의 부모가 더 중요하지 않은가.
부모님께 효도하라.

나의 아버지 이시우

아버지께서 행복했던 하루

　　나의 아버지는 경주 이 씨 항열은 우(雨)자이고 존함은 이(李)시(時)자 우(雨)자이다.
시조는 신라의 건국 신화에 나오는 사로(斯盧) 6촌 중 알천양산촌(閼川楊山村)의 촌장으로 전해지는 표암공(瓢巖公) 알평(謁平)이다.
경주 이 씨(慶州 李氏)는 경상북도 경주시를 본관으로 하는 한국의 성씨이다.

경주시 동천동에 위치한 경주 이 씨 시조 알평 경모비(慶州李氏始祖諱 謁平景募碑)

표암재 이 알평 표암 경상북도 경주시 동천동.

나는 경주 이 씨의 항렬로 39세이고 우리 아버지는 항렬로 38세이다.

경주 이 씨는 14개 대파로 나누어졌고, 아버지는 석탄공파(石灘公派)에 속한다.

위암수술치료를 받으시고 추적 치료를 받는 중 위암 재발을 염려하시면서 한국에 두고 온 딸 윤숙이와 다른 가족을 걱정하시는 아버님

경주 이 씨 중 이건희 씨는 항렬로 40세, 이재용 씨는 항렬로 41세, 이명박(이상정) 전 대한민국 대통령은 항렬로 39세, 이종걸 국회의원은 항렬로 37세, 이종찬 장군은 항렬로 37세이다.

우리 아버지는 4살 때 아버지를 여의고 홀어머니 품에서 자랐다. 불쌍하게도 아버지 없이 자란 것과 다름없었다. 위로는 두 형님과 두 누나가 있었고 아래로는 여동생 하나가 있었다. 체격은 보통 이상으로 크고 판단력이 좋고 머리가 좋으신 분이었다.

내가 어렸을 때는 요즘처럼 안아주고 업어주는 등 신체적 접촉으로 자녀를 육아하는 사랑 방법이 그렇게 중요한지 몰랐다. 또한 좋은 눈길 접촉 사랑으로 웃으면서 자녀를 키우실 줄도 모른 채 나를 비롯한 9남매를 그냥 키우고 교육시켰다.

그러나 아버지께서는 어려서 학교 공부를 하지 못한 것이 한으로 남아, 자녀들을 교육시키려고 무던히 애쓰셨다.

나는 특별히 아버지로부터 사랑을 더 많이 받고 자란 것 같다.

자녀를 기를 때, 손으로 머리를 쓰다듬어주고 손목을 잡아주고 어깨를 살그머니 치고 때로는 안아주고 목욕을 시키면서 육체적 접촉 사랑을 적절히 해주면 자녀들은 정말 부모의 조건 없는 진정한 사랑을 쉽게 느낄 수 있다.

그리고 자비스런 눈길 사랑으로 자녀를 대하고 말이나 몸짓으로 자녀를 사랑하면 부모의 사랑이 자녀에게 훨씬 더 잘 전달된다. 부모가 자신을 사랑한다고 느끼는 자녀들은 신나고 행복하게 자라고, 또한 커서 건전한 자존심을 갖고 살 것이다.

게다가 시간이 나는 대로, 때로는 시간을 따로 내서 자녀 하나만 데리고 그 자녀가 이 세상에서 가장 중요한 자녀라고 말하면서 사랑하는 방법, 즉 집중적이고 관심적인 사랑과 보살핌을 주면 그 자녀는 성인이 되어 사회에서 건설적이고 생산적인 건전한 자존감을 갖는 구성원이 될 것이다.

우리 아버지는 이런 자녀 사랑 방법을 잘 모르셨지만, 직·간접적으로는 유사한 방법으로 자녀를 훈련시키고 키웠다. 그리고 우리 아버지는 나에게 이런 자녀 사랑을 다른 어떤 방법으로 많이 전달해 주셨다.

소위 말하는 그 지방 유지가 우리 집을 방문하면 나를 불러 옆에 앉히고 그 분들에게 인사를 하라고 교육시키셨다.

아버지는 처음 보는 손님이 오시면 나를 불러 옆에 앉혀 놓고 그 손님에게 인사하는 것을 봤다.

아버지는 손님에게 '저는 이 시자 우자입니다' '앞으로 많은 지도편달해 주시기 바랍니다'라고 인사를 하셨다. 그렇게 인사를 나누고 나면 손님이 나를 향해 "몇 살이냐"고 묻는다. 내가 "몇 살입니다"라고 대답하면 그 손님은 "아주 똑똑하게 잘 생겼구먼"이라고 칭찬을 해 주셨다.

초등학교를 졸업할 때도, 고등학교를 졸업할 때도, 의과대학을 졸업할 때도, 졸업식에 꼭 오셔서 나를 축하해 주셨다. 그러나 "잘했다" "축하한다"라는 말씀은 한 번도 하지 않으셨다.

하지만 돌이켜 보면, 초등학교도 다니지 못하고 아버지의 얼굴도 보지 못한 채 자란 그 분이 아들을 한국의 일류 의과대학을 보내 졸업시키고 의사가 된 것을 보고 속으로 얼마나 좋아하시고 감격의 눈물을 삼키셨을까 생각해본다.

서산 보건소 진료실 봉사 의사로 근무할 때, 초등학교도 다니지 못한 농부인 어머니와 아버지께서는 한번 나와 같이 홍성군 홍동면 외가댁에 같이 갔었다. 셋이서 외가댁에 가는 도중 이곳저곳 아버지 쪽 친척들, 또 어머니 쪽 친척들을 찾아뵙고 인사하기도 했다.

어느 날인가 어머니께서 달걀 10개를 팔기 위해 왕복 20리 길 안면 작문시장에 같이 가자고 해서 기쁘게 따라나선 적이 있었다. 그리고 어머니와 내가 사는 장등개 동네에 사는 고모 댁, 큰어머니 댁, 이웃집 아줌마 아저씨 댁을 들러 일일이 인사를 하기도 했다.

어머니께서 시장에 다녀오시면서 내게 하신 말씀 잊히지 않는다. 장문시장에서 장등개 우리 집까지 왕복 20리 길이었다. 시장을 오가는 중 사람들이 어머니를 만나면 "옆에 있는 젊은이가 누구냐"고 물었다고 한다.

아들이라고 하면 깜짝 놀라면서 다시 "무엇을 하느냐"고 물어 '의사'라고 하면 더 놀란다고 하셨다. 그때 옆에서 어머니의 말을 듣고 있던 아버지의 표정이 밝아지는 것을 보았다.

초조하고 얼굴에 핏기도 없는 시골 아줌마가 어디서 그런 아들을 됐냐고 깜짝 놀라는 동네 사람들의 부러운 표정이 어머니와 아버지를 조금은 기쁘게 해 드린 것 같다.

그 후로 서산 보건소 무의촌 의료 봉사 일을 하는 동안, 주말이 되면 쇠고기를 사가지고 안면도에 계시는 부모님을 뵈러 갔다. 거기서도 역시 진료를 받으러 많은 사람들이 왔다. 그러나 진료를 해주면서 진료비는 한 푼도 받지 않았다.

지금 생각해보면 어머니, 아버지를 눈으로, 손으로 많이 사랑해드리지 못하고, 오래 건강하도록 봉양하지 못했던 것이 너무나 마음이 아프고 후회가 된다.

우리 아버지는 비교적 큰 농사를 지으셨다. 한 때는 대농을 하셨다. 농사짓는 일꾼을 두고 어머니의 일을 돕는 여자 분도 계셨다. 아버지가 하루는 서산읍을 다녀오는데 버스 안 좌석에 앉아있었고 바로 옆 좌석에 잘 아는 분이 앉아있었다.

아버지의 옆에 앉은 지인의 바로 앞에 30세 정도되는 젊은 신사 한 분이 버스 손잡이를 잡고 서 있었다. 아버지의 지인이 그 젊은이에게 "선생님은 어디를 가시느냐"고 물었다.

그 선생님은 "안면중학교에 전근간다"고 답변했다.

그 젊은이가 "혹시 중장리 3구 장등개에서 사는 이시우 씨를 아느냐"고 물었다.

아버지는 그 말을 듣고 눈웃음을 지은 채 아무 말도 하지 않았다.

아버지 지인이 서 있는 선생님보고 "어떻게 그 분을 아느냐"고 반문했다. 선생님이 말하기를, "그 분의 아들 하나가 홍성중학교 다닐 때, 여름 방학을 이용해 그 분의 가정을 방문했던 적이 있었다. 갑자기 방문했는데 암 닭 한 마리를 잡아주면서 하루 묵어가라고 하셨다. 그래서 닭고기와 열무김치에 쌀밥을 실컷 먹고 농주도 한 잔 마시고 편히 쉬어 갔다"고 했다.
바로 그 때 아버지의 지인이 아버지를 보면서 "이 분이 바로 그 분"이라고 소개했다고 한다.
나는 안면도 역사상 처음으로 연세의대에 입학했다.
그 당시 누구든지 의과대학에 입학했다고 축하하는 사람은 단 한 명도 없었다.
큰 아버지, 고모님들, 사촌들, 이종 사촌들, 그리고 친척들 중 한 분도 축하해 주지 않았다.
나는 초등학교에 다닐 때부터 안면면 면사무소 면장님께, 안면면 안면 지서장님께 매해마다 연하장을 보냈었다.
그리고 가끔 안면면 면사무소나 지서를 지나갈 때마다 들어가서 면장님이나 지서장님께 안부 인사를 드렸다.
의과대학에 입학하자마자 의과대학 재학증명서를 안면면 면사무소 병무계에 제출했다. 그 당시 병역법에 따라 의과대학 재학생은 의과대학을 졸업할 때까지 병역 징집 면제가 됐었다.
그런데도 의과대학 재학 1학년 때에 군 입대 징집 명령을 받았다.
공부하는데 바빠서 안면면 면사무소에 편지로 징집을 면제해 달라고 했다. 그 후 몇 달 동안 아무런 소식이 없었다.
그러던 어느 날 안면면 지서에서 순경이 우리 집에 와서 나를 찾았다. 아버지께서 인사를 하니 순경은 대뜸 "당신 아들 이상원이가 병역을 기피했으니 체포하겠다"고 하면서 내가 있는 곳이 어디냐고 아버지께 물었다.
아버지는 마루에 서 있다가 안방에 들어가서 서울에 있는 동안 내가 보낸 편지 봉투를 마당에 서 있는 순경에게 던져주면서 공공 병역기피를 당한 내 아들의 서울 주소이니 가서 체포하라고 큰 소리를 치셨다. 그 때 순경은 당황한 표정이 역력했다고 한다.

잠시 후, 아버지께서는 "이리 올라와서 술 한 잔을 하고 점심을 같이 하자"고 낮은 말로 제의했다.

그 순경은 순순히 응했고, 이후로 병역 기피문제는 더 이상 거론되지 않았다.

내가 2년 동안 무의촌 의료 봉사를 하고 연세의대 정형외과 1차 레지던트 수련을 받고 있던 중 병역 기피문제는 더 이상 없었다.

한국에서 위암수술치료를 받으신 후
회복중 미국으로 이민 오신 아버지의
그린카드

왼쪽부터 아버지, 아내, 나, 딸 진이

내가 안면도에서 6년 동안 연세의대를 다닐 때, 의과대학을 잘 다니도록 도와주신 분은 어머니와 아버지, 그리고 김병규 의학 박사 뿐이었다.

나중에 알고 보니 의과대학 재학증명서 제출 신고를 안면면 면사무소에서 고의적으로 누락시켜 의과대학을 다니는 동안 공공 징집 기피자가 되었던 것이었다.

우리 아버지는 인정이 많은 분이셨다.

아버지 나이 4세에 할아버지께서 돌아가셨기 때문에 아버지는 유아기, 학령기, 사춘기를 지나는 동안 아버지로부터 사랑스런 눈길 접촉 사랑, 포근히 안아주고 머리를 쓰다듬어 주고 등을 긁어 주면서 해주는 신체적 접촉 사랑을 받지 못하고 자랐다.

뿐만 아니라 아버지는 친아버지로부터 집중적 사랑과 보살핌을 하나도 받지 못한 채 홀어머니 아래 자랐던 것이다.

아버지는 할머니가 막내 여동생을 임신했을 때 할아버지께서 작고 하셨기 때문인지, 아니면 바로 위아래 남매간이기 때문에 그런지 모르겠지만 아버지와 막내 고모 둘 사이는 특히 우애가 더 깊었다. 아버지는 할아버지께서 돌아가신 후 태어난 막내 여동생을 물심양면으로 더 많이 아껴주었다.

나의 아버지는 위로 형님이 두 분 계셨다.

아버지의 큰 형님, 즉 나의 첫째 큰아버지는 경제적으로 풍족하지 않았으나 아들 하나 즉 나의 사촌 이상현을 경희대학교 법대까지 교육시켰다. 둘째 큰 아버지는 가난했다.

아버지는 자신이 돈을 벌어서 첫째 큰아버지로부터 스스로 독립을 하고, 둘째 큰아버지도 독립할 바탕을 마련해 주셨다.

내가 어릴 때는 사촌들, 즉 아버지 조카들이 장가갈 때 준다고 돼지를 기르셨다. 가지고 있던 논을 팔아 조카의 대학 등록금을 보태 주시기도 했다.

아버지의 생신에는 씨암닭을 잡아 동네잔치를 했다. 둘째 큰아버지와 고모부, 그리고 당숙을 초대해 식사와 함께 집에서 담근 농주로 생일잔치를 하셨다.

우리가 살던 동네도, 안면도도 식육점이 하나도 없었다. 일년 내내 안면도 내에서 쇠고기나 돼지고기를 사 먹을 수 없었던 것이다.
한 번은 동네 사람들이 모여 소를 잡아 추석 잔치를 하는 것을 처음부터 끝까지 지켜보았다. 소를 잡는다고 해서 나도 구경을 갔었다. 그 동네 머슴이 소의 고삐를 끌고 산기슭에 가더니 도끼로 소 머리를 쳐 죽였다. 정말 소가 불쌍해 보였다.
동네 사람들이 많이 모였다.
죽은 소의 껍질을 벗겼다.
그 다음 배를 갈랐다.
간과 지라, 콩팥이 보이자마자 김이 모락모락 나고 따뜻한 간 덩어리를 죽은 소의 배 속에서 칼로 떼 낸 후 작게 잘라 소금에 묻혀 생으로 먹느라고 정신이 없었다. 다들 입이 피로 빨갛게 물들었다.
생각해보면 야만인들 같다.
쇠고기를 생전 구경도 못하고 먹지도 못한 흙수저들의 쇠고기 갈망증!
야만인 같다고 생각했지만, 어쩌면 처음 쇠고기를 맛보는 사람들에게 생기는 자연스러운 현상이었던 것 같기도 하다.
안면도 섬 농촌 사람들에게 생긴 쇠고기 갈망증이었다.
집에 가서 요리를 할 때까지 기다릴 수 없는 응급상황이었던 것 같았다.
이기지 못하는 본능 일수도 있다.
아버지는 소 큰 다리 하나를 사가지고 오셨다.
나중에 알았지만 소를 잡는 것은 불법이었다.
소를 잡은 사람이 소 다리 하나를 지게다 지고 안면면 지서에 갔다 줬다는 말을 들었다.
소 다리를 보고 나는 두어 달 동안 실컷 먹을 수 있겠다고 입맛을 다셨다.

추석이 왔다.

아버지는 내게 동네에 사는 김 서방, 박 서방, 모든 어르신 분들을 다 모셔오라고 해서 그 분들에게 쇠고기를 대접했다. 오래 먹을 수 있겠다고 좋아 했던 쇠고기는 거의 다 없어졌다.

정월초하루가 되면 동네 어르신 분들을 다 모셔서 농주와 고기로 식사를 대접하는 것을 봤다.

나는 고등학교 때나 의예과를 다닐 때는 정월초하루 설날마다 동네 집집마다 찾아가서 어르신에게 세배를 드렸다.

농촌에서 초등학교도 가지 못하고 농사만 짓는 흙수저 어르신들에게 세배를 하니 그 분들은 깜짝 놀란 표정을 감추지 못하셨다.

그 당시 안면도 내 유지인 초등학교 선생님들, 지서장, 면장님에게 초등학교에 다니는 동안 새해 연하장을 보냈다.

내가 서울에서 의예과와 의과대학을 다닌 6년 동안 명절이 오면 안면도 집에도 가지 못하고 쓸쓸히 혼자 지냈다. 한 번도 누구한테도 초청을 받은 적도 없었다.

그럴 때마다 나의 아버지를 많이 떠올리게 된다.

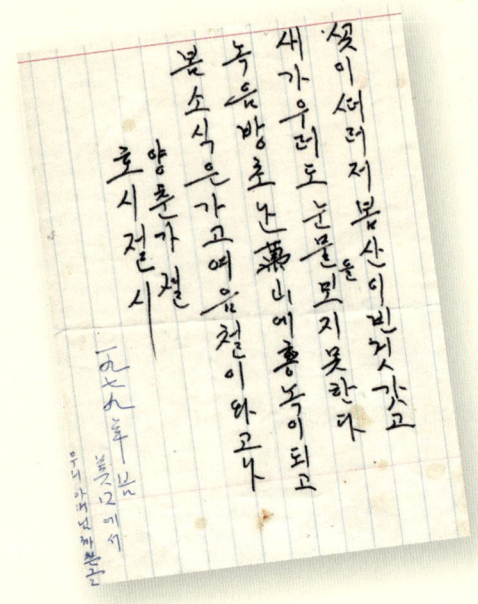

양춘가절 호시절

꽃이 떨어지니 봄 산이 빈 것 같고
새가 울어도 눈물을 보지 못한다.
녹음 방초난 만산(萬山)에 홍녹이 되고
봄소식은 가고 여음(름)철이 와고나

춘몽(春夢)이 깨우고

삼동(三冬)엇지 보내나
작야(昨夜)에 남풍南風이 슬슬 불어오드니
금일(今日)에 감우(甘雨)가 순순(順順) 오난구나
삼촌가절(三春佳節)은 자치 없이 가쓰나
산천(山川)에 초목(草木)은 춘색(春色)임의 늣난구나
어려서부터 미국(美國)이라 하더니
와서 보니 산천 평평(山川平平)하고
모든 것이 풍부하고나
이 몸이 병이 드러 진퇴 양난일세
식다(食多)하 육신상고(肉身上苦)라

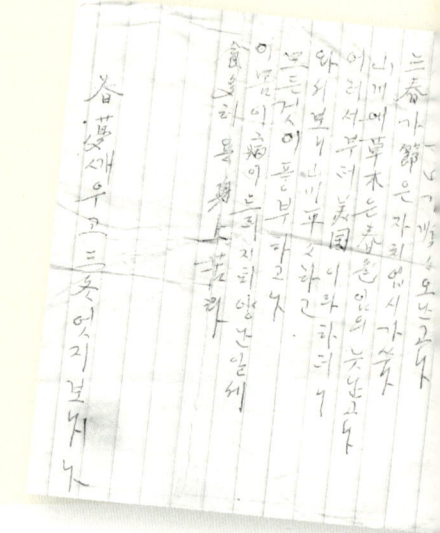

조제견불눈이고

화낙 春山空(춘산공)
새가 울어도 조제하니 봄 산이 비(빈) 것 갓고
꽃이 떨어지니 봄 산이 빈 것 갓고
새가 우러도 눈물을 보지 못한다.
녹음방초난(는) 萬山(만산)에 홍녹이고
歲月(세월)은 임의(이미) 여름철이 가난(는)고나

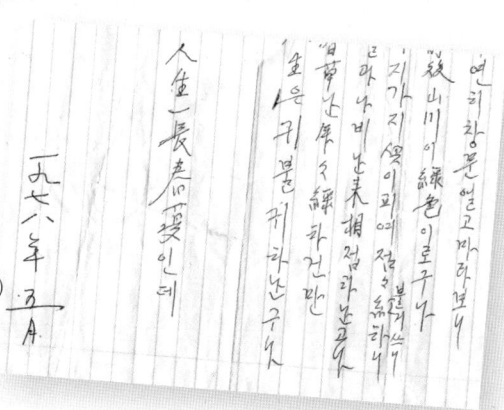

인생일장 춘몽

(人生一場 春夢)인데 1978년 5월
우연이 창문을 열고 바라보니
前後山川(전후산천)이 綠色(록색)이로구나
가지가지에 꽃이 피어 점점 홍하니(불거쓰니)
별과 나비난 來相(래상) 접하난구나
春草(춘초)난 年年(년년) 綠(록)하건만
人生(인생)은 귀 불귀하난구나

장한 어머니 표창

어렸을 때부터 한국에는 매년 장한 어머니 표창식이 있었다. 미국에 있는 우리 한인 사회도 마찬가지였다. 한국에서와 같이 매년마다 장한 어머니 표창식이 거행되고 있었다.

우리 어머니께서는 몇 년 전에 돌아가셨으니 이런 장한 어머니 표창대상이 될 수 없다.

살다보면 어머니이기 때문에 본의 아닌 사소한 죄를 지을 때도 있다. 남편이 일찍 여의고 혼자 살기 어려운 어머니들은 굶고 있는 어린 자식을 위해 남의 빵 한 쪽을 슬쩍 주머니에 넣을 수도 있다.

뇌졸중 후유증으로 걷지도 못하고 말도 못하는 어머니와 아내가 신체적 언어 눈길 접촉으로 대화하고 있다. 미국 코네티컷주 하트포드 엘리자베스 공원에서.

다른 사람들은 그 어머니를 죄인 취급 하지만, 그 빵을 먹고 곯은 배를 채운 자식에게는 그 어머니가 세상에서 가장 장한 어머니다. 불우한 환경 속에서도 자식들을 더 잘 가르치고 싶은 어머니의 마음, 남들보다 더 나은 학교에 보내고 싶은 어머니의 마음은 똑 같지 않은가?

그렇게 하지 못한 어머니들도 장한 어머니들이다.

우리 어머니는 안면도 섬 마을에서 농사를 지으면서 9남매를 낳아 기르고, 그들 중 몇 자녀들은 부모님보다 또 나보다 더 먼저 세상을 등졌다.

그러면서 나를 의과대학까지 보내셨다.

그리고 어머니는 병고와 가난과 씨름하며 불쌍하게 살았다.

어머니는 이곳 미국에 이민 오기 바로 전 뇌졸중으로 반신불수가 되셨다.

이 때문에 말을 조금도 못 하셨다.

큰 아들이 미국에 와서 모자지간 헤어진 지 10년 만에 미국에 오셨지만 아들과 대화를 한 번도 못 하셨다.

게다가 미국에 이민 온지 2년 만에 뇌졸중 재발로 갑자기 작고하셨다.

돌아가시기 한두 달 전 식구들에게 손짓을 하시면서 큰 소리를 치기에 식구 모두가 가까이 가봤더니 손자들과 자식들이 그 동안 드렸던 동전 한 주먹을 내놓으시면서 큰 아들에게 무엇을 사다주라고 하셨다.

그 날이 바로 나의 생일이었다.

어머니는 이날을 손꼽아 기다리셨다. 아들에게 무언가를 주고 싶은 마음만으로 힘든 시간을 견뎌온 것이다.

우리 어머니는 뇌졸중으로 말을 못하는 불구자였다.
하지만 나에게는 틀림없는 장한 어머니셨다.
이 세상에 장한 어머니들은 헤아릴 수 없이 많다.
그런 분들 중 누가 장한 어머니의 자격을 줄 수 있단 말인가.
자녀들에게 모든 어머니는 그저 위대한 존재인 것을.

1977년 어머니 환갑날. 아버지 18세, 어머니 16세에 결혼해 어머니 18세에 내가 태어났다.

사랑하는 나의 동생 상률

브라질로 이민 가기 전, 어머니와 상률이 가족

조카 나리(나리는 현재 변호사이고 남편은 판사)

나는 8명의 동생이 있었다.
불행하게도 여러 가지 이유로 동생들을 일찍 죽고 공부도 계속하지 못했다.
여동생 하나는 미국에 와서 간호사가 되고 더 공부해서 목사가 되고 예일대학교 임상 목사로 활동하기도 했다.
그 아래 동생 상률이는 어릴 때부터 나를 무척 따랐다. 대학교에 가지도 않고 심한(?) 삶의 굴곡을 그리면서 살았다. 내가 1978년 부모님과 모든 동생들에게 이민 초청을 했을 때도 상률이는 미국이 아닌 브라질로 이민을 갔다.
내가 미국에서 소아 청소년과 개업을 할 때, 두 부모님과 세 동생들, 세 조카들을 미국으로 이민 초청을 했다.

부모한테 효도하고 동생들을 돌보면서 즐겁게 살아보겠다고 생각했다. 그때만 해도 사랑하는 부모님이 미국에 오신 후 2,3년 만에 이순이 조금 지난 젊은 나이에 소천하실 지 상상조차 하지 못했다. 나는 부모님을 잃고 가슴이 찢어질 정도로 슬펐다. 그 당시 한국 고신의과대학 소아 청소년과 교실에서 주임교수를 초빙한다는 소식을 듣고 부인, 두 아들, 그리고 딸과 다 같이 그 대학 병원으로 가서 의과 대학과 조국을 위해 여생을 보내기로 결정했다. 지역에서 명성을 날렸던 John s Lee Pediatrics 소아 청소년과 진료소 문까지 닫고 한국으로 갔다.

그 전에도 고국에 가서 소아 청소년과 교수로 후배 양성하는 삶을 살기 위해 한국으로 간 적이 있었다.

나의 동기인 모 교수가 말하기를 "네가 미국에서 한국으로 와서 교수가 되면 뿌리가 있느냐"라고 묻는 말을 듣고 한국행을 포기했다. 그러나 고신의대 소아 청소년과에 뿌리를 깊이 내리고 있는 소아 청소년과 교수가 없다는 것을 생각하고 그 의과대학에서 씨를 뿌리고 정착하면 좋겠다고 생각했다.

미국 시민인 나와 부인, 두 아들과 딸을 데리고 한국 고신 의과대학에서 열심히 일하면 되겠다고 생각 했다. 그리고 하나님의 사랑으로 이루어진 고신의과대학에서 하는 일이라서 믿음이 생겼다.

그 당시 나는 이곳 윈디함 병원에서 Active Medical staff이었고, 또 코네티컷 대학교 의대 임상 조교수로 미국 소아 청소년과 전문의 자격을 가지고 있었다.

계약 상 내가 고신의과대학으로 가면 우리 가족이 지낼 수 있는 주택도 제공해 주고 주임교수로 일할 수 있다고 했지만, 우리는 병원에 도착한 후 3개월 동안 호텔방 신세로, 그리고 셋방생활을 하다

다시 미국으로 돌아오기로 결심했다.

미국으로 가기 위해 서울에 왔는데 마침 동생 상률이가 내가 한국에 있다는 얘기를 듣고 브라질에서 서울로 왔다.

그 동생이 "그 동안 형님은 부모님을 비롯해 우리들을 돌봐 주셨으니 제가 형님을 잠시라도 모시겠습니다"라면서 호텔도 구해주고 몇일 동안 아침저녁 식사도 사주고 내 생애에서 생전 가보지 못한 한국 이곳저곳을 데리고 다니면서 나를 즐겁게 해주었다.

같이 호텔 식당에서 아침식사를 하고, 점심때가 되면 점심식사도 식당에 같이 가서 먹었다. 나보고 무엇이든 좋은 음식을 골라 먹으라고 그렇게 했다. 나는 어떻게 무전으로 브라질에 간 동생이 나를 이렇게 대해줄 수 있는지 걱정이 되어, 쇠고기 먹으라고 하면 돼지고기를 더 좋아한다며 돼지고기를 먹었다. 동생의 주머니사정이 걱정될 수밖에 없었다. 그래서 맏이인가 보다.

그 후 미국에 돌아와 있는 내게 동생이 브라질로 초청을 했다.

일주일 동안 동생 집에 있으면서 제수씨가 해주는 아침점심저녁을 먹었다. 돼지고기 요리만 하루 세 번씩 먹었다. 동생은 내가 좋아하는 줄 아는 돼지고기를 많이 먹게 해주고 싶었던 것 같다.

정말 일주일 동안 삼시세끼 돼지고기만 먹다가 브라질에는 쇠고기가 유명하다고 들었는데 한 번 먹자고하니 제수씨가 "동생이 형님은 돼지고기를 그렇게 좋아하신다고 해서 돼지고기를 드렸습니다"고 하는 게 아닌가. 이후 입에 들어가면 살살 녹고 그렇게 맛이 좋은 쇠고기 갈비구이를 해줘서 실컷 먹고 왔던 기억이 난다.

우리 집사람은 약사일로도 바쁜데, 집에서 담근 된장 고추장, 간장에다 김치, 깍두기, 열무김치, 안면도 김, 광천 독배 새우젓 등 한식에다 돼지고기, 닭고기, 쇠고기를 가끔, 오렌지, 그래이 푸르트,

블루베리, 버섯, 대구 요리 등으로 하루 세끼 식사를 차려줘서 항상 같이 먹었다.

누가 시켜서 그렇게 한다면 큰일이지만. 착한 우리 집사람 때문에 외식하러 나가는 경우가 아주 드물다. 말이 나왔지만 우유, 달걀, 호도 등 견과류 등 알레르기를 잘 일으키는 음식은 안 먹는다.

우리 집사람과 나는 외식을 거의 하지 않는다. 집에 손님이 오면 늘 정성스럽게 따뜻한 밥을 지어 손님을 대접하는 것이 우리 집사람이다. 참 고맙다. 참 착하다.

브라질 돼지고기와 쇠고기로 음식을 해 주고 삼시세끼 밥을 지어주며 고생한 제수씨와 동생에게도 진심으로 감사한다.

▲ 나, 막내 고모, 딸 진이, 아내, 큰아들 동형

나의 동생 상률이, 막내 고모, 그리고 나의 아내
(소아가정간호 백과 출판기념식에서) ▶

어머니 고향은 충남 홍성

어머니의 성함은 정향섭이고 나주 정(丁) 씨이다. 외할머니의 성함은 강태순이다. 외할아버지의 성함은 정대하이고 정 씨 항렬로 25세, 어머니의 정 씨 항렬은 26세였다.

나주 정 씨의 시조는 정윤종이다. 정약용의 정 씨 항렬로는 23세이고 나주 정 씨는 조선시대 문과 급제자 49명을 배출하였다.

정약용의 아버지는 정재원(丁載遠), 그의 어머니 성은 해남 윤 씨, 도산 윤선도의 친척이었다.

정약용은 28세에 급제한 후 조선 정조 때 형조참의를 지냈다. 하지만 신유박해 · 황사영 백서사건으로 강진에 유배되어 17년간 귀양살이를 했다. 귀양살이하는 동안 500여 권의 저서를 남겼다.

나의 어머니 고향은 충남 홍성군 홍동면 월현리 개월이다.

외할아버지의 아버지는 천석꾼 부자였다고 어머니는 가끔 내게 말씀하셨다. 지나가다 외할아버지가 어렸을 때 살았던 큰 집을 보니, 시골 부잣집이었다고 연상할 수 있을 정도였다. 하지만 외할아버지가 성년이 된 이후에는 가난하게 살았다.

어떻게 해서 충남 홍성군에 사는 양반 정대하 씨가 안면도 섬에 사는 우리 아버지에게 사랑하는 큰 딸 향섭을 시집보냈는지 모르겠다. 아버지는 천안 근처에 있는 금광에서 노동일을 하기 위해 안면도에서 그곳까지 오가는 동안 어디에선가 외할아버지를 만났다고 한다. 그때 아버지가 외할아버지의 눈에 들어 사위로 삼았다고 한다. 당시 아버지의 나이는 18세, 어머니의 나이는 16세였다. 아버지와 어머니는 요새 말하는 사춘기 시절, 1936년 2월 24일에 결혼을 했다. 1950년 내가 처음 외가댁에 갔을 때 외조부모는 3칸 시골집에서 살면서 농사를 지었다.

나는 어머니의 친척들이 홍성군 여기저기에 많이 산다는 것을 잘 몰랐다. 안중공립국민학교를 졸업하고 홍성읍에 있는 홍성중학교를 다니는 동안 시간이 나면 어머니의 친척 어르신 댁에 찾아가 인사를 드리곤 했다. 이 어린 꼬마가 가서 인사를 드리면 다들 참 좋아하셨다. 외가댁에 대해 잘 모르다가 홍성중학교에 다니면서 어머니의 두 이모님이 계시다는 것도 알았다.

나의 아버지 친인척들의 대부분은 남면이나 안면도 등지에서 농사를 지었다.

하지만 어머니의 친척들을 알고 보니 내 어깨가 으쓱으쓱 해졌다. 어머니의 바로 아래 여동생, 나의 큰 이모님은 옛날 초등학교를 졸업하셨다.

외할머니는 생전 큰소리 한 번 내지 않는 전형적인 시골 아낙네였다. 술, 담배도 하지 않고 진짜 선량하고 검소하게 사는 할머니라는 것을 알고 있었다.

홍성중고등학교를 다닐 때 가끔 외로우면 외할머니 댁이나 큰 이모 댁에 자주 갔었다. 객지에서 중고등학교를 다니는 동안 나를 많이 사랑해 준 외할머니와 큰 이모님에게 엎드려 감사드린다.

외할머니는 103세에 돌아가셨다. 홍성군에서 장수상도 받으셨다. 그러나 한 명뿐이었던 외삼촌은 사춘기에 요절했다.

우리 어머니는 안면도에 사는 내내 말씀이 없고 항상 핏기 없이 앓으셨다.

1978년 나의 어머니, 두 여동생, 두 남동생과 상분 여동생의 아들, 딸, 그리고 남편을 미국으로 위해 신청했으나 그때 어머니가 뇌졸중으로 연세의대 세브란병원에 혼수상태로 3개월 동안 입원 치료를 받고 있었다. 그 때문에 이민을 준비하던 가족들에게 비자가 발급되지 못했다.

이규창 박사

그때 어머니는 대한민국 신경외과학회장이자 연세의대 신경외과교실 주임교수 이규창 박사의 치료를 받고 있었다.

그러다 나중에 의식이 돌아오고 뇌졸중이 많이 회복되었을 때 쯤 이곳 나의 진료실에서 어느 백인 환자의 어머니에게 이런 나의 사정을 이야기했다.

다음날 미 하원의원 Christopher Dodd의 비서를 내 오피스에 보내 사정을 듣고 간 후 Dodd 의원이 한국 내 미국 대사관 스나이더 대사에게 편지를 보냈다.

이후 그의 도움으로 어머니는 이민비자를 받았고, 이민 초청을 받은 식구 모두가 어머니를 모시고 미국에 있는 아들 곁으로 오셨다. 나에게 준 하나님의 복이었다.

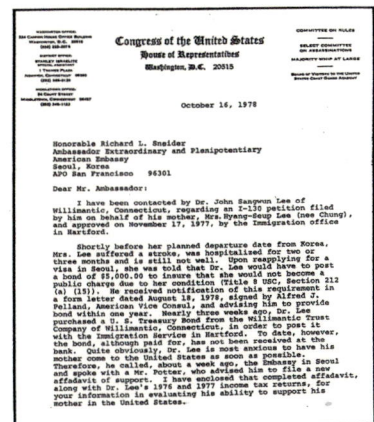

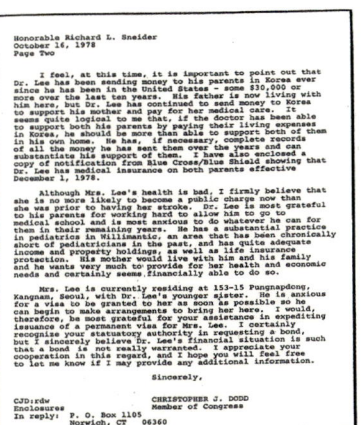

어머니를 미국으로 이민시키려고 비자를 신청하는 중 어머니가 뇌졸중으로 병원 입원하셨다. 한국 미 대사관에서 비자발급을 거부해서 미 하원의원 크리토퍼 다드(Dodd)가 한국 미 대사관 리차드 스나이드 대사에게 어머니의 비자를 내달라고 간청한 편지.

한국 미 대사관 스나이더 대사에게 아들 이상원 의사가 어머니의 의식주와 의료비 등 전 생활비를 개인적으로 부담하고 미국 정부에게 경제적 부담을 주지 않겠다는 서약을 받고 $5,000 보증금을 미 이민국에 저당잡히면 비자를 내 주겠다는 답변서.

제1장 나는 어디서 왔나 · 69

미국 대통령 민주당 후보로 출마하기도 했던 Christopher Dodd 상원의원께 감사드린다.

미국에서 소아 청소년과를 5년간 전공하고 미국 소아 청소년과 전문의 필기시험과 구두시험에도 합격했고 미국 소아 청소년과 전문의 자격도 획득했다.

나는 미국 코네티컷주, 뉴욕 주, 노스카로리나 주 의사 면허증, 한국 의사 면허증도 가지고 있었다.

그럭저럭 미국에 온지 10년이 되었을 때, 미국 시민자격 시험에도 합격했다.

그때가 큰 아들 동형이는 12살, 작은 아들 건형이는 10살, 딸 지니는 7살이었다.

미국에 오던 해인 1968년부터 지금까지 시간이 흐르는 동안, 소아 청소년과 전문의 자격을 취득한 후 꼭 한국으로 돌아가서 부모님을 모시고 동생들을 돌보겠다던 계획에 많은 변화가 왔다.

그 이유 중 하나는 두 아들과 딸이 한국이 아닌 미국에서 자란 아이들이 되었다. 나 자신도 알지 못하는 사이에 많은 변화가 생긴 것이다.

한국 서울에 사는 둘째 여동생 상분에게 "너와 너의 남편, 그리고 두 딸과 아들을 미국으로 이민 초청을 할 수 있다"고 알리고, 부모님과 동생들을 미국으로 이민 초청해 여기서 같이 사는 것이 어떠냐고 물었더니 동생들과 그의 남편, 그리고 나머지 모두 만장일치로 미국 이민에 찬성했다.

그 후 나, 아내, 자녀들 모두 미국시민권을 받고 한국에 있는 전 가족들을 이민초청하기 시작했다.

그러는 동안 불행하게도 건강하시던 아버지가 위암에 걸려 위 절제수술 치료를 받았다.

몇 개월 후 아버지는 다른 가족보다 일찍 미국으로 이민을 왔다. 뉴욕 케네디공항에서 처음 아버지를 만났을 때 피골이 상접하도록 마르고 상당히 아픈 모습이었다.

불행은 함께 온다고 했던가.

어머니이 뇌졸중으로 혼수상태에 빠져 세브란스 병원에서 입원하면서 거의 3개월 동안 나의 의대 동기인 이규창 교수의 치료를 받았다. 이규창 교수에게 진심으로 감사드린다.

미국으로 이민오기전 1~2년 동안 어머니와 아버지가 병환으로 고생하면서 서울 석관동에 있는 집까지 팔아 치료비를 내고 있었다.

어머니만 제외하고 그동안 미국 이민초청을 받은 모든 가족들은 이민허가 비자를 받을 수 있었다. 그러나 어머니가 미국으로 이민을 오게 되면, 미국 국민들이 낸 세금으로 치료를 받을 것이고 생계 유지비로 미국 사람들이 낸 세금을 쓸 것이고 그 외 미국 국민들에게 부담을 줄 수 있다는 한국 미대사관의 판단으로 어머니에게는 미국 이민 비자를 주지 않았다.

또 어머니는 미국 이민 비자가 캔슬되면서 동시에 아무런 문제가 없었던 나머지 가족들에게도 비자를 내주지 않았다.

이곳 주 하원의원 Christoper Dodd(크리스토퍼 다드)의 도움으로 한국 내 미국 대사관 스나이더 대사의 도움으로 결국 어머니께서 이민 비자를 받을 수 있었다.

비자를 주는 대신 미국 대사관은 나에게 아픈 어머니를 내 돈으로 봉양하겠다는 서약서를 쓰라고 해서 그렇게 했다.

그리고 초청자인 아들이 모든 의식주와 건강관리비, 치료비를 책임지면 이민허가를 해주겠다는 한국 내 미국 대사관측의 추가 편지를 받았다. 그리고 1978년 이곳 미국 이민국에 5,000불 보증금도 지불하고 어머니를 미국으로 모셨다.

그러면서 나는 한국에 가서 세브란스 병원에 입원하고 있는 어머니를 뵙고 왔다.

다행히 어머니는 미국 이민초청 비자를 받았고 한국에서 10명의 가족이 함께 뉴욕 케네디 공항에 도착했다. 어머니는 휠체어를 타고 비행기에서 내리셨다.

부모님은 이민 후 2년 동안 우리 집에서 다정하게 함께 살았지만 말씀도 못하고 걷지도 못하셨다. 심장의 대동맥판과 승모판이 제대로 기능을 못 했다. 뇌졸중의 후유증으로 반신불수의 상태이기도 했다. 거기다가 허벅다리 대퇴골에 자연 골절이 생겨 미국에서 또 수술을 받으셨다.

1980년 2월 1일 갑자기 혼수상태에 빠진 어머니는 Windham 병원 집중치료실에서 세상을 떠나셨다.

3개월 간격을 두고 아버지는 위암 재발로 어머니는 뇌졸중 재발로 돌아가셨다. 얼마나 슬픈지 어찌 다 형용할 수 없었다. 맨 앞줄 오른쪽이 나의 첫째 아들 동형, 그의 바로 옆이 나의 아내, 그리고 나. 뒷줄 왼쪽으로부터 둘째 아들 건형, 외손녀 딸 미순, 외손자 민호, 손녀 딸 진이, 맨 뒷줄 왼쪽부터 아들 상천이와 상용, 외손자 정민, 외손녀 세영, 막내 딸 상숙과 외손녀 영은, 그리고 둘째 딸 상분. 미국으로 이민 온 가족들이 아버지 어머니 산소에 모여 추도했다.

우리 어머니는 왜 이렇게 일생 동안 병으로 고생했는지 모르겠다. 아들이 의사인데 말이다.
어머니가 돌아가시기 3개월 전, 아버지는 위암의 간장 전이로 우리집에서, 가족과 나의 품에 안겨 먼저 돌아가셨다.
이렇게 나란히 부모님을 여기 묘지에 안장해 드렸다.
우리 어머니는 거의 2년 동안 미국에 살면서 말도 한마디 못하셨지만 거의 매일 손자들과 아들, 며느리를 보고 즐거워하셨다.
하루는 며느리를 부르시더니 바닥에 깔아놓은 담요 밑에서 헝겊으로 싼 무엇을 소중히 건네주셨다.
그러시면서 주무시는 듯한 낮은 음성으로 나를 불렀다.
생각해보니 바로 그 날은 나의 음력 생일이었다.
그 동안 손자들이 준 미국 동전과 꼬깃하게 접은 달러 몇 장을 며느리에게 주시는 것이 아닌가.
나의 어머니는 내 가슴 속에 지금도 조건 없는 진정한 사랑을 안겨주셨다.
어머니는 돌아가셨지만 나는 우리 어머니를 장한 어머니로 추천하고 싶다는 글을 신문에 기고하기도 했다.
남달리 많은 고생을 하면서 나를 미국에서 좋은 소아 청소년과 의사로 만들어 주신 분이 바로 어머니다.
나의 어머니는 진정 장한 어머니셨다.

돈이 있으면 부모님께

촌놈에다 안면도 섬놈이 홍성고등학교를 다닐 때 '홍성으로 유학을 왔다'라는 말을 많이 들었다.
또 서울 연세대학교 의과대학을 다닐 때도 섬놈이 서울로 유학왔다면서 섬놈이 무슨 구레나룻냐며 몇몇 학우들이 나를 놀렸다.
심지어 1963년 연세의대 졸업 앨범에 "촌놈이 서울로 유학오다"라는 사진을 넣기도 했다.
의예과에 다니던 어느날, 아버지께서 돈을 가득 넣은 오리가방을 가지고 서울 창천동 나의 자취집으로 오셨다. 나보고 창천동에서 집을 일곱 채 구매하고, 그 일곱 채를 유지하고 관리하라고 하셨다.
의예과에 다닐 때는 거의 매일 시험을 봤다. 그리고 영어회화 시간에는 회화를 못해 매일 같은 반 학생들 앞에서 굴욕을 당했다.
미적분 수학시간이 되면 서울, 경기, 경복, 배재 등 일류 고등학교에서 온 학우들은 학교나 학원 등에서 이미 미적분을 배웠다고 했지만 나는 '미적분'이라는 것을 처음 배웠다.
그들 중 몇몇 학우들은 가정교사들로부터 이미 배운 수학이라고 말하기도 했다. 또 국어과제도 다들 쉽게 풀고 있었다.
나는 시골 고등학교를 졸업하기 전에 다 익혔어야 할 영어와 수학 교과서도 다 보지 못한 채 연세의대 의예과에 입학했다. 의예과 1학년 수업시간에 얼마나 당황했는지 모른다.
게다가 수업 후 자취방에 가면 공부할 수 있는 분위기도 아니었다. 자취방 밖에서는 "연평도 굴비사세요"라고 떠들어댔고, 좁은 자취방에서 같이 지내는 두 고등학교 동기는 매일 친구들을 데리고 와서 시끄럽게 굴었다. 이 뿐이 아니다. 동네 부인들이 내 방 앞 마루에 앉아 세상사는 이야기를 주고 받고 있으니… 공부할 수 있는 분위기가 아니었다.
내가 매일 먹는 음식은 콩나물국에 고추장, 된장 등이었다. 그 흔한 김치도 먹기 어려웠다. 가끔 꽁치를 사다 구워먹으며 필요한 단백질을 보충했다.

같은 의예과 학생들 부모는 "하나도 걱정하지 말라. 공부만 열심히 해서 의사가 되라"고 한다. 그 뿐인가. 집이 서울인 학생들은 부모로부터 매일 눈길 접촉 사랑과 신체적 접촉 사랑을 받고 때로는 집중적 · 관심적 사랑과 보살핌을 받았다.
같이 공부하는 학생들에 비하면 내 환경은 너무도 열악했다.
내게는 우리 아버지, 어머니 외에 아무도 나를 위하고 사랑해 주는 사람이 없었다.
거기다 집 일곱 채를 사서 운영한다는 것은 세상 실정 모르는 내게 너무도 어려운 과제였다. 그 당시 나는 18세 촌놈일 뿐이었다.
아버지는 그 돈가방을 들고 고향 안면도 집으로 돌아갔다. 이 후에 안 일이지만 논 20여 마지기 중 10마지기를 판 돈과 배 두척 판돈을 갖고 오셨다가 다시 고향 안면도로 내려간 것이다.
아버지가 돈을 가지고 있다는 것이 장등게 지방에 소문이 났다.
거의 한 집도 빼놓지 않고 모든 사람들이 알고 있는 돈이 되었고, 동네 사람들이 다들 몰려와서 아버지에게 이자를 주기로 하고 돈을 얻어갔다.
어떤 사람은 딸을 시집보내는데 혼수를 해 줄 돈이 없다고 했다.
어떤 사람은 어미 소를 살 돈은 있는데 새끼 소를 살 돈이 없다고 했다.
어떤 사람은 자기 아버지가 아파서 당장 수술을 받지 않으면 죽는데 돈이 없다고 했다.
어떤 사람은 서산농림고등학교에 다니는 아들의 수업료를 낼 돈이 없다고 했다.
이런 저런 이유로 논 10마지기와 배 두 척을 판 돈을 다 남들에게 빌려주셨다. 그런 돈을 빌려줄 때 보증도 서지 않고 서약도 받지 않은 채 이자만 받고 그냥 빌려주셨다. 상원이 의과대학 보내는 써

야하니 꼭 제 때에 갚으라고 신신당부하면서.

그 당시 안면도에는 은행도, 신용조합도 없었다. 가난에 쪼들리고 굶주리고 돈이 필요한 사람들이 모두 아버지에게 와서 굽실거리며 돈을 빌려갔다.

이 후 5.16 혁명이 일어났다. 박정희 군사정권이 들어서고 장도영 장군은 매일 포고령을 내렸다. 하루는 그가 농어촌 고리채 정리에 관한 포고령을 내렸다.

고리채를 얻어 쓴 사람들은 고리채를 당장 갚지 말고 3년간 유치하고 그 후 5년 동안 갚아도 된다는 포고령을 내린 것이다.

아버지로부터 돈을 빌리는데 성공한 동네사람들은 신이나서 빌린 돈으로 막걸리를 마시고 도박을 하면서 즐겁게 지냈다. 고리채 정리 포고령이 내린 후 인플레이션은 계속 악화됐다.

그 후 빌려 줬던 돈을 다 갚지도 않고, 설령 돈을 다받는다 해도 논 한 마지기 값도 되지 않았다.

돈도 다 사라지고 남은 8마지기 논만 가지고 농사를 지어야 했다.

아버지가 일꾼도 두지 못하고 직접 농사를 지으며 나를 의과대학을 졸업시키고 줄줄이 고등학교, 중학교에 다니는 동생들을 교육시킬 생각을 할 때 얼마나 마음이 아프고 걱정이 많으셨을까.

이때부터 아버지는 술을 많이 마시는 등 우울증에 걸리고 말았다.

등록금 때문에 방학 때 집으로 갔다.

하루는 아버지가 나를 불러 심부름을 보내셨다.

"큰 골에 가면 김 아무개가 있는데 나한테 빌려간 돈을 준다고 했으니 내일 서울 학교에 간다고 하고 돈을 달라고 해서 받아오라"고 하셨다.

사실은 나는 2주 후에 서울에 가는데 내일 간다고 말하라고 하셨다.

나는 아버지가 말씀하신 것처럼 "오늘 돈을 주신다고 해서 왔습니다"라고 했더니 그 분은 돈이 없어 지금 줄 수 없다고 했다.

나는 빈손으로 돌아왔다.

돈을 못 받았다고 아버지에게 말씀드렸더니 "언제 서울로 간다고 말 했느냐"고 물으셨다. 내가 아무 말도 하지 않고 서 있으니 "내일 간다고 했냐"고 또 물으셨다.

나는 아무 말도 하지 못하고 서 있었다.

사실 거짓말을 하기 싫어서 내일 간다는 말은 빼 놓았다.

농촌에서 자식을 대학교에 보내려면 이렇게 어렵던 시절이 있었다.

거의 모든 부모님들이 이렇게 돈을 모아 자식들의 대학등록금을 마련해 주셨다.

의과대학을 졸업한 이듬해인 1964년 한국 의사 면허증을 받았지만 생각했던 대로 부모님께 경제적 도움을 드릴 수는 없었다.

미국에 온 뒤로는 돈이 있으면 부모님과 동생들에게 생활비를 보냈다.

아버지와 어머니는 비교적 젊은 나이에 이 세상을 떠나셨다.

지금 살아계시면 더 잘 보살펴 드리고 안경도 사드리고 보청기도 해드리고 맛있는 고기를 사다 요리도 해 드리고 밤낮 춥지 않게 이부자리도 해드리고 싶다.

부모님께서 하시는 말씀을 끝까지 다 들었으면 얼마나 좋을까?

충격적인 상애의 죽음

　　상애는 내 바로 아래 여동생이었다.
얼굴도 예쁘고 나이에 비해 말도 변호사 같이 아주 잘 했다.
어머니가 하도 바쁘고 힘들게 살았기 때문에 어머니를 도와주겠다고 초등학교 1,2년에 다니다 자진해서 학교를 그만 뒀다.
3,000평이나 되는 밭도 있었다. 보리, 밀, 고구마, 감자, 팥, 동부, 녹두, 배추, 무, 참깨, 들깨 쑥 등 밭곡식과 채소를 철에 따라 심고 거름 주고 정성을 다해 수확했다.
무엇이든 먹고 싶은 대로 심고 거두어 실컷 먹고 자랐다. 목화도 심고 삼베도 갈아 옷을 해 입었다.
어머니는 건강이 좋지 않았기 때문에 동네 부인들에게 일당을 주고 얻어 밭일 도움을 받았다. 그 때는 하루 몇 시간 동안 일을 해야 한다는 노동법이 없었다.
그들은 해가 뜨면 아침 식사를 하고 와서 밭일을 시작해 저녁때가 되면 알아서 일을 마쳤다. 이렇게 동네 부인들이 우리 집에 와서 김을 매고 농사도 지었다.
여름이 되면 누구든지 삼복더위를 견디기가 힘들다. 그래도 그 더위에 치마 적삼을 입고 머리에 수건을 매고 밭농사 일을 해줬다. 이렇게 일을 하다 점심시간이 되면 대문간에 멍석을 깔고 하늬바람에 땀을 식히거나 낮잠을 자고 쉬었다.
데리고 온 어린자녀들과 부인은 보리밥에 열무김치만 있어도 꿀맛 같은 점심을 먹고 잠시 쉬었다가 또 다시 뙤약볕 아래 나가서 김을 매었다.
내 동생 상애는 어린 나이에 일을 하러온 동네 부인들에게 밥도 지어주고 말동무가 되기도 했다. 워낙 말주변이 좋았던 상애는 부인들을 웃기기도 하고 때로는 눈물을 흘리게도 했다.
내가 홍성중학교 2학년 때 그 동생은 13살이었다. 방학이 되어 집에 갔더니 동생은 무슨 이유인지 머리가 아파서 수개월 동안 앓았다고 한다.
그 때 안면도 있는 동네 돌파리 의사한테 치료를 받았다. 안면도에 있는 공의한테도 치료를 받았다.
그 공의는 의과대학을 다니지는 않았지만 허가 받은 공의였다. 그분은 안면도 주민들에게 우두 예방접종을 해주기도 하고 초등학교 교의 역할도 했다.
그 분도 우리 집 장등개까지 왕복 20리가 되는 거리를 왕진도 왔었다.
하지만 아무도 동생이 머리가 아픈 이유를 찾지 못했다.
내가 홍성중학교 2학년 때. 동짓날 동생이 혼수상태에 빠졌다.
그 당시 십리정도 떨어진 곳에서 돌파리 의사를 불렀다. 우리 집에 오더니 소독하지 않은 주사바늘로 척수액을 뽑는다고 요척추 부위를 바늘로 찔렀다.
며달 후 동생은 세상을 떠났다.
지금 생각하니 동생은 뇌에 암이 생겼던 것 같다.
육지 홍성에서 어떤 의사를 만나 치료받았더라도 완치할 수 없는 병에 걸려던 것 같았다.
내가 홍성중학교를 다닐때 하숙집까지 왕복 이십리를 걸어오신 외할아버지께서 동생 상애가 죽었다는 소식을 전해주셨다.
발길을 돌려 바로 하숙집을 들어갔다.
그 때 하숙집에는 나하고 초등학교를 같이 졸업하고 중학교에 다니는 안면도에서 온 친구가 있었다.

그날 하숙집 근처 친구 하나가 와서 나에게 장난을 걸며 함께 놀기를 청했다.

나는 동생이 죽었다는 말을 하지 않은 채 이를 악물고 그가 돌아가기만 기다렸다.

그가 나가자마자 나는 이불을 덮어 쓰고 엉엉 울었다.

왜 제대로 크지도 못하고 이제 막 사춘기를 맞은 내 여동생 상애가 병명도 모르고 치료도 못 받고 학교도 다니지 못한 채 매일 어머니를 도와 온갖 집안일을 다 하면서 그렇게 살다가 갔단 말인가.

불쌍한 상애를 생각하니 나만 호강하고 있다는 죄책감이 들어 가슴이 미어질 것 같았다.

봄여름가을겨울 사시사철, 하루도 상애 생각을 하지 않은 날이 없었다.

여름 방학이 되어 광천 독배에서 나루 장배를 타고 승언리 독개에 내려 거의 10리 길을 걸어서 집에 도착했다.

대문을 열자마자 어머니와 아버지가 안방에서 나오셨다.

나를 보자마자 아버지의 두 눈에서 눈물이 비 오듯 흘러내렸다. "왔니" 한 마디만 하시고 윗방으로 들어가신 아버지… 나도 아들 딸을 키우다보니 새삼 그때 부모님의 찢어지는 마음이 더욱 가슴에 와 닿았다.

어머니는 나를 보고도 아무 말도 못한 채 흐르는 눈물을 손등으로 닦으면서 안방으로 들어가셨다.

멍하니 마루에 앉아있던 나도 무릎을 꿇고 머리를 무릎 사이에 아무렇게나 처박은 채 엉엉 울었다.

그 다음 날 동쪽에서 햇살이 뻗치고 있었다. 앞산에서는 전과 다름없이 꿩이 울었다.

까치와 까마귀도 변함이 없이 울며 날아다녔다.
어디쯤에 동생이 묻혔다는 말을 듣고 일어나자마자 식사를 하지 않고 동생 상애를 애장한 야산으로 갔다.
상애를 묻은 애장 자리는 아직 풀도, 나무도 나지 않은 채 파헤친 흙 그 상태였다. 나는 그 곳이 동생 상애의 묘라는 것을 한 눈에 알아보고 파묻은 흙을 움켜쥐고 얼마나 울었는지 모르겠다.
어머니, 아버지께서 어디에 다녀오느냐고 물었지만 목이 메어 차마 답을 할 수가 없었다.
지금은 하늘나라에서 쉬고 있을 상애 동생을 생각하면 내가 저 세상에 가면 상애는 나를 만나줄까. 만나주리라 믿고 있다.
나는 그 후 아마도 2~3년 동안을 우울증에 걸려있었던 것 같다. 우리 어머니와 아버지도 밥숟가락을 들 때도, 좋은 일이 있을 때도, 슬픈 일이 있을 때도 상애 생각에 참을 수 없는 우울증에 시달렸다.
지금 생각하면 그 때 우리 어머니 아버지에게는 정신과 의사가 필요했었다. 친척들도, 동네사람들도, 친구들도, 선생들도 내 손목을 한 번도 잡아주지 않았고 어머니에게 위로 한마디 해 주는 이가 없었다.
그 때 누군가가 상애 동생이 죽은 것은 하나님의 부르심에 따라 간 것이지 부모나 가족 누가 잘못해서 간 것이 아니라고 말해주었더라면 아마 우리가 그 우울한 시간을 좀 더 잘 견뎌냈을 것이다.
미국에서 소아 청소년과 병원을 하고 있을 때, 일주일 동안 두통을 호소하는 7살짜리 여아가 진료를 받기 위해 나의 진료실에 왔다. 머리가 2주 동안 계속 아프고 걸음을 잘 걷지 못하고 어지럽고 토한다는 것이 그 여아 어머니의 말이었다.

진찰을 했더니 거의 모든 것이 정상이었다. 그러나 나는 그 날 바로 차동차로 40여분 정도 가면 있는 코네티컷 대학교 의과대학 소아신경과 교수에게 전화를 했다. 이 여아가 뇌종양에 걸린 것 같으니 잘 봐달라고 했다.

도착하자마자 뇌 MRI와 뇌 척수액 검사를 하고 난 뒤 2시간 쯤 지나 결과가 나왔는데, 그 여아는 뇌종양에 걸려 있고 곧 수술로 치료하겠다는 전화를 받았다.

며칠 후에 뇌종양 절제 수술 치료를 받고 퇴원했다.

그 뒤 정기검진을 받기 위해 그 여아의 어머니가 딸과 함께 나의 진료실로 왔다.

그 여아의 어머니는 "너는 어떻게 해서 그렇게 빨리 진단했느냐"고 물었다. 그리고 연신 고맙다고 인사하면서 나를 덥석 안아줬다. 내 동생 상애 생각이 많이 났다.

나는 불효자였다

　나는 이순(耳順)도 고희(칠순), 팔순(八旬)도 벌써 지나고 졸수(卒壽)를 향해 막 달려가고 있는 의사이다.

바로 오늘 한국에서 온 뉴스에 의하면, 퇴직할 나이인 65세는 고령자 층에 속하지도 않고 80세, 아니 100세까지 바라보는 시대라고 한다.

내 나이 80세가 넘었으니 나는 분명히 고령자 층에 속한다.

내가 오늘 이런 글을 쓰다 보니 나는 분명히 불효자임을 알게 됐다.

해제(孩提), 지학(志學), 약관(弱冠), 이립(而立), 불혹(不惑), 지천명(知天命) 이렇게 나이가 게 눈 감추듯 지나가는 동안 남녀 누구에게든 신체적, 정신적, 감정적, 사회적, 가정적으로 많은 변화가 생긴다.

특히 50~60세 정도 되면 남녀 성별에 구별 없이 시력에 이상이 와서 필요에 따라 거의 안경을 써야한다.

그런데 의사인 내가 이순이 넘어 돌아가신 우리 어머니의 시력검사를 제대로 해드린 적이 한 번도 없었다.

이 얼마나 불효자인가.

시력검사뿐 아니다. 이순이 지나고 고희가 되는 동안 청력이 자연적으로 나빠져서 잘 듣지 못하는 분들도 많다.

때로는 귓밥이 외이도 속을 꽉 막아 난청이 생길 수 있다. 이런 경우에는 이비인후과에서 귓밥을 쉽게 제거하는 간단한 치료를 받으면 청력이 정상적으로 회복될 수 있다.

이론적으로 너무나 잘 아는 의사인 내가 어머니나 아버지에게 시력검사나 청력검사를 해드린 적이 없다는 것이 너무나 후회스럽고 부끄럽다.

양복을 입고 넥타이를 매고 큰 소리 치는 화이트칼라인 내가 이처럼 작은 것도 챙기지 못했다니.

이 얼마나 불효자인가.

신진대사가 정상적으로 잘되는지, 당뇨병이 있는지, 간장이 제대로 기능하는지, 요로에 어떤 이상이 있는지, 생화학적으로 피와 소변이 정상인지 알아보기 위해 피검사와 소변검사를 주기적으로 해드렸어야 하는데 그것도 한 번도 해드리지 못했다.

건강하실 때 혈 콜레스테롤수치가 정상인지, 갑상선 호르몬수치가 정상인지 알아보는 피검사를 해드린 적도 없다.

오래오래 장수하시라고 말만 했지 주기적으로 건강검진을 잘 해드리지 못했다.

이 얼마나 불효자인가.

고혈압이 생기지 않게 육체적 운동, 음식물 섭취 조절, 체중 조절, 라이프 스타일 변경 등에 관해 제대로 알려드리지 못 했다. 의사 아들로서 혈압을 주기적으로 측정해드린 적도 없다.

이 얼마나 불효자인가.

이순이 지나가면 위 양쪽 눈꺼풀 안쪽에 있는 누선의 기능이 제대로 되지 않아 눈물이 안구의 표면으로 제대로 분비되지 못해 시력도 나빠질 수도 있고, 눈을 깜빡일 때마다 껄껄한 감이 생길 수 있는데 의사 자식으로서 부모의 눈에 이런 불편이 있었는지 관리를 제대로 해드리지 않았다.

이 얼마나 불효자인가.

감염병에 걸리지 않게 예방 접종을 잘 해드리지도 못했고, 안전사고가 나지 않게 예방도 잘 해드리지도 못했고, 적절한 비타민도 사드리지 못했다.

이 얼마나 불효자인가.

나이 먹어 더 늙을수록 더 깨끗하고 더 고은 옷을 입고 싶고, 더 최신 스타일의 옷을 입고 싶고, 더 편안한 구두나 신발을 신고 싶을 텐데, 부모님께 제대로 챙겨드리지 못했다.

이 얼마나 불효자인가.

더우면 시원하게 해 드리고 추우면 따뜻하게 해드려야 하고 편안히 주무시도록 잠자리를 잘 보살펴드리지 못했다.

이 얼마나 불효자인가.

애들처럼 때로는 떡, 곶감, 사과, 배는 물론이고 망고, 석류, 그레이 프루트, 오렌지 등 맛있는 과일을 드시고 싶을 때도 있을 텐데, 그런 것들을 충분히 사드리지 못했다.

이 얼마나 불효자인가.

젊은이들처럼 나이가 든 어르신도 놀러가고 싶고, 구경 가고 싶고, 친구들이나 가족 또는 친지들을 자주 만나보고 싶었을 텐데, 그렇게 하시도록 잘 도와 드리지도 못했다.

이 얼마나 불효자인가.

옆에 앉아 있다가 가려운 등도 긁어드리고, 아픈 팔, 다리도 주물러 드리고, 목욕탕에서 때도 밀어드렸어야 했는데, 그러지 못했다.

이 얼마나 불효자인가.

가끔 부모님 손에 돈을 한 주먹 쥐어드리고 쇼핑도 하고 즐길 수 있는 시간을 드렸어야 했는데, 그러지도 못했다.

이 얼마나 불효자인가.

의사가 된 후 돈을 벌면 미국으로 이민 오실 때까지 꾸준히 용돈과 생활비를 드리려고 했는데, 그 조차 실천하지 못했다.

이 얼마나 불효자인가.

할머니, 할아버지께 손주들을 데리고 자주 찾아뵙고 다 같이 식사도 하고 여행도 같이 가려고 했는데, 이야말로 어려웠다.

이 얼마나 불효자인가.

외로우실 때 친지 친구들을 맞나 사교하면서 시간 보낼 수 있게 제대로 주선해 드리지 못했으니,

이 얼마나 불효자였는가

나이가 들수록 더 배우려고 하는데, 컴퓨터도 안 가르쳐 드리고 노인대학에도 모시고 가지 못했다.

이 얼마나 불효자였는가.

배우자가 없으면 더 외로워 교제할 수 있는 친구가 필요한데, 연세

많으신 부모를 외롭게 혼자 지내게 했다.

이 얼마나 불효자인가.

풍족한 의식주를 갖는 것도 중요하지만 대화할 수 있는 상대자가 없고 사랑할 수 있는 대상이 없고 사랑을 받을 수 없는 처지에 있는 부모님을 제대로 챙겨드리지 못했다.

이 얼마나 불효자인가.

어떤 노부모는 화를 더 잘 내고 대소변도 제대로 가리지 못할 수 있는데 제대로 잘 보살펴 드리지 못했다.

이 얼마나 불효자인가.

이 세상 대부분의 사람들은 이런 저런 정신병을 갖고 있다.

거의 모든 정신병들은 적절한 음식물 섭취, 적절한 육체적 운동, 스트레스 제거, 정신심리치료, 충분한 대화, 충분한 수면, 카운슬링 치료, 오락치료, 적절한 직업치료, 가족 정신치료 및 카운슬링 등으로 주로 집에서 치료하고 드물게는 약물로 치료한다.

그런데 어떤 자식들은 부모에게 정신병이 있다고 부모를 시설에 맡기고 병원에 가두고 약물로 육체와 정신을 허탈 상태로 만드는 치료가 옳은 치료인줄 알고 있다.

나는 그런 불효자는 아니다.

하지만 더 생각하고 또 생각해보면 자식 노릇을 잘못한 것이 얼마나 많은지 셀 수 조차 없다.

어머니, 아버지 저를 용서해 주세요.

하나님 저를 용서해 주세요.

팔순 아들이 드립니다.

저는 불효자입니다.

미국과 한국의 의료환경 차이

나는 충남 서산군 안면면 중장리 토목개 부엌, 안방, 헛간이 있는 세 칸 옴팡 집에서 태어났다.
금수저가 아닌 지게, 작대기를 물고 태어난 셈이다.
하지만 알고 보니 나의 시조는 신라 건국자 박혁거세 6촌장 중 하나인 알천 양산촌장 알평(謁平)이었다고 한다. 나의 선조들이 경상도에서 살았는데, 내가 어떻게 해서 안면도 섬에서 태어나게 됐는지 궁금하다.
나의 할아버지께서 충청남도 안면도가 아니라 서울에서 정착하셨다면 나는 지게, 작대기가 아닌 금수저를 물고 태어날 수도 있지 않았을까.
하여튼 내가 태어난 안방에는 낮에는 벽 틈에 숨어있던 빈대가 밤만 되면 나왔다. 낮에는 각다귀, 밤에는 모기에 물리기 일쑤였다. 파리는 없는 곳이 없었다.
머리에 이가 바글거리고 밤에는 옷을 벗고 몸과 머리에 있는 이를 잡는 것이 그 당시에는 하루일과였다.
그뿐 아니라 홍역, 백일해, 유행성 이하선염, 폐결핵, 폐렴 등이 대 유행하던 시절이었다.
여기저기서 아기들이 태어났지만 이름 지을 새도 없이 병으로 세상을 떠났다.
노도양이 쓴 지리책에 안면도는 도끼와 톱만 있으면 살 수 있는 섬이라는 설명이 나와 있었다. 비교적 부유한 사람들이 살고 있다고 초등학교 지리교과서에도 나와 있지만, 실상은 달랐다. 내가 태어나서부터 1968년 미국으로 올 때까지 사실상 정식으로 의과대학 교육을 받은 의사가 하나도 없는 무의촌이었다.

그 당시 한국에는 이화, 연세, 서울, 수도, 카톨릭, 경북, 부산, 전북 의대뿐이었다. 내가 1964년 받은 의사 면허증의 번호는 7794호였다.

병이 나서 치료해 오래 사는 것보다, 죽을병에 걸리면 그 병을 앓다가 죽는 것이 보통이었다. 그 당시 안면도에서 살던 사람 중에 치료받고 나았다는 말을 듣기 어려울 정도였으니 말이다.

이미 언급한 것처럼 나의 사춘기 동생들이 병명도 모르고 의사진료도 제대로 받지 못하고 저 세상으로 갔다.

이웃집 머슴 박서방이 몇 년 동안 일하다가 병이 나서 앓고 있다는 말을 들었다. 박 서방이 많이 앓으니 주위 산기슭에 거적 오두막집 멍석으로 집을 지어주고 가마니를 깔고 거기서 혼자 앓게 했다. 머슴은 목이 마르면 혼자 기어가서 논물을 손으로 떠먹고 그렇게 앓다가 이 세상을 떠났다. 아무도 죽 한 수저, 약 한 알을 주지 않았다. 그렇게 죽어 가는 일이 여기저기에서 일어났다.

이웃집 부인은 아이를 낳고 자궁 출혈로 하루 만에 그 집에서 그냥 죽었다. 또 다른 부인은 아기를 낳고 열이 나 1주일 동안 앓다가 죽었다. 아마도 산후기 감염병으로 죽었을 것이다. 그때 태어난 아기가 먹을 젖이 없어 할머니가 입으로 씹은 보리밥을 먹다가 아기마저 죽었다는 말도 들렸다.

항문 없이 태어난 아기가 1주일 동안 살다가 죽은 경우도 있었다. 크루프 증상을 나타내고 마디숨을 쉬면서 호흡곤란으로 고생하는 6개월 된 아들을 업고 십리쯤 떨어져있는 동네 돌파리 의사로부터 치료를 받고 온다는 사촌 형수를 만났다. 아마도 디프테리아에 걸렸던 것 같다. 그 날 저녁 그 조카는 이 세상을 떠났다.

돌파리 의사(그 당시 정식으로 의과대학도 다니지 않고 의사면허증도 없는 사람들이 자기 스스로 의사라고 자칭하면서 환자들을 치료하는 사람들을 돌파리 의사라고 불렀다)들이 안면도 여기저기에 있었다. 그들은 청진기도, 혈압기도, 체온기도 없이 환자의 병을 진료했다.

그래도 많은 병에 대해 얻어들어 다른 사람들보다는 좀 더 아는 사람들이었다. 거의 모든 환자들에게 진단에 관계없이 페니실린 주사를 주고 이명래 고약을 붙여주고 우황청심환을 처방해 주었다.

이런 환경에서 나고 자란 내가 의과대학에서 공부해 의사가 된 후, 어떻게 하면 이런 병(결핵, 백일해, 홍역 등 유행병?)을 치료해주고, 사람들을 살려내느냐 하는 생각이 항상 머릿속에 가득했다.

1968년 미국에서 의학공부를 좀 더 하러 온 나는 한국의 부모들의 미국 부모들에 비해 의학상식이 너무 적다는 것을 느꼈다.

보스톤에 있는 Mass General Hospital의 병실에 가면, 환자들의 대기실에 질병의 정의, 원인, 증상, 징후, 진단, 치료, 예방 등에 관한 조그마한 비의료인용 책자들이 즐비하게 놓여있다.

그 병원의 가장 낮은 한 층에는 환자들이나 보호자들이 병을 치료하는데 알아두어야 할 의료 상식이 담긴 컴퓨터, 비디오, 오디오, 팸플릿, 저널, 교과서 등을 무료로 열람할 수 있게 비치해 두었다. 그뿐 아니라 미국 시골 동네에 가면 수십 만 권 책을 보유한 도서관이 있는데, 거기에서 영어로 된 내과학, 소아 청소년과학 등 각종 의학 분야 교과서를 읽을 수 있게 해 두었다. 환자나 부모들, 보호자들이 더 알고 싶은 질병에 대한 정보가 있는 책들을 언제 어디서나 볼 수 있다.

진료를 맡은 의사들은 전력을 다해 병명은 무엇이고, 무엇 때문에 그 병이 생겼고, 어떻게 진단하고, 어떻게 치료하고, 어떻게 예방

하는지 등의 정보를 환자에게 자세하고 정확하게 말해주는 것을 기본으로 하고 있다.

그뿐 아니라 미국 소아 청소년과학회에서 소아 청소년과 의사들에게 소아 청소년환자를 진료하는 방법을 가르친다. TV, 라디오 등을 통해서도 부지런히 환자 교육을 시키고 있다.

의과대학 도서관에서 환자나 보호자들이 알고 싶은 의학정보를 얼마든지 무료로 찾아볼 수 있는 등 미국 사람들은 영어로 된 의료정보를 얻고 싶은 대로 얻을 수 있다.

미국 소아 청소년과 의사 Benjamin Spock(May 2, 1903, 5월 2일- 1998, 3월 15일)는 1946년 세계에서 처음으로 베스트셀러 육아 백과를 제작·출판했다. 우리나라에는 그 책의 번역본이 1960년에 출판되었다.

1968년 미국에서 앓는 아이들을 둔 엄마들이 소아 청소년과 의사를 전화로 불러 아픈 아이를 어떻게 치료하느냐고 묻는 경우가 많았다.

가령 전화로 "나는 캐롤 스포크입니다. 내 아들 벤자민은 5살인데 어제 아침부터 열이 납니다. 아침 8시에 구강체온을 재보니 체온이 40도이고 기침이나 설사, 구토는 하지 않습니다. 목구멍이 아프다고 해서 입을 벌리고 전등불로 들여다보니 편도선이 빨갛게 부어있습니다. 어제는 타이레놀 250mg 한 정을 먹였더니 열이 떨어지는가 했더니 오늘은 또 열이 올라갑니다. 내 생각으로 연쇄상구균성 편도염이 걸린 것 같은데, 당신 병원으로 데려 갈테니 페니실린을 처방해 주세요"라면서 전화로 개인 소아 청소년과 병원에 문의하기도 한다.

그 소아 청소년과 의사는 더 물어볼 것도 없이 환자가 부모가 말한

대로 연쇄상 구균성 편도염에 걸려있는 것으로 추정 진단하고 곧 진료실로 데려 오라고해서 부모가 말한 병이 맞는지 확인하고 목구멍에서 연쇄상 구균검사 항원항체 검사를 해서 그 아이가 A군연쇄상 구균에 감염되어 있다고 확인 진단을 내렸다.

그리고 페니실린으로 치료를 시작한다.

하지만 내가 한국에서 이곳 미국으로 온 환자를 진료할 때는 애로사항이 많았다.

예를 들면, 환자의 부모로부터 전화가 걸려온다. "내 아이가 아파요."

"어떻게 아프냐"고 물으면 "열이 난다"고 대답한다.

"열이 얼마나 나느냐"고 물으면 "많이 난다"고 답하다.

"체온이 몇 도나 되느냐"고 물으면 "체온은 재보지 않았다"고 한다.

"어떻게 열이 나느냐"고 물으면 "이마에 손을 대보니 따끈따끈하다"고 대답한다. "이름이 무엇이냐"고 물으면 "철수"라고 대답하고 "그 애가 몇 살이냐"고 물으면 "4살"이라고 대답한다.

"부모님은 누구냐"고 물으면 "지난번에 철수를 데려 갔던 이춘자"라고 한다.

그 때, 이 환자를 전화로 무료치료를 해 줄 수 없다는 결론을 내리고 즉시 진료실로 철수를 데려 오라고 했다.

우리는 자랄 때 부모도, 학교 선생님도, 할머니도 아이들의 정상체온이 얼마이고 체온이 얼마나 높아야 열이 난다고 하고 열을 나는 원인은 무엇이고 그 열을 어떻게 치료하는지에 대해 배운 적이 없다. 그래서 따끈따끈하다는 대답이 나오는 것이다.

동서양의 차이가 아니라 교육의 차이라 생각된다.

이런저런 이유로 자녀들을 키우는 동안 많은 고생을 하고도 병으로 인해 자녀가 불구자가 되기도 하고 또 가끔은 죽지 않을 아이들이 죽기도 했다.

결국 우리 집처럼 사춘기 두 동생들이 죽고 나서 그로 인해 가정의 기능이 파괴되기도 한다.

이런 이유로 1948년 미국의 스포크 박사가 육아 백과를 내고 거의 반세기 이후 내가 한국어로 소아가정의학 백과를 자비로 출판해 한인들에게 내놓았다. 그 후 소아 가정 간호 백과 등 9종류의 육아 백과를 출판했다.

제2장
나를 빚어낸 나의 학창시절

제2장 나를 빚어낸 나의 학창시절

안중공립국민학교 졸업

　나는 8살 때 안중공립국민학교에 입학했다. 장등개 우리 집에서 왕복 약 20리 정도 떨어진 중장 마을에 있는 학교였다.

안중공립국민학교 제2회 졸업기념 사진. 셋째 줄 왼쪽에서 네 번째가 나.

　남녀공학인 우리 반에는 총 53명 학생들이 있었다. 그 학교 선생은 전부 6명. 학교에서 국어, 산수, 미술, 체육, 음악, 역사 등을 배웠다.
　1학년 때 무가시 무가시, 이찌 니 산 시…일본 말로 수업을 하던 중 2학년때 제2차 대전이 끝나고 해방을 맞았다.

나는 1학년 말, 국어, 산수, 음악, 체육 4과목 성적은 '수'였다.

추운 겨울이면 교실에 마련해 놓은 나무 난로에 불을 떼며 공부했다.

공립초등학교 학생들은 공부도 하고 때로는 학교에서 짓는 밭에 난 풀을 고사리 같은 손으로 매기도 했다. 여름방학 때 학교 밭에 심은 보리가 무르익으면 낫으로 베어 걷어 들이기도 했다.

여름방학 동안 공립국민학교 3, 4학년 학생들은 먼 길을 등교해 학교 농사일만 하기도 했다. 학교 주위에 학교 소유의 논 몇 마지기가 있었다.

학생들이 초여름 내리쬐는 뙤약볕 아래 논에 들어가 모를 심고 가을에는 벼를 걷어 들였다. 논에서 모를 심다가 거머리한테 물려 다리에서 피가 줄줄 났던 것이 지금까지 생생히 기억이 난다.

한 번은 하얀 와이셔츠에 붉은 넥타이를 매고, 깨끗하게 반짝거리는 구두를 신은 선생님이 논둑에 서서 고사리 같은 예쁜 손으로 모 심는 우리 학생들 보고 '이렇게 하라 저렇게 하라' 지시하고 있었다. 그날 바람에 휘날리는 붉은 넥타이를 맨 잘생긴 그 담임선생님의 얼굴도 떠오른다.

하얀 와이셔츠에 붉은 넥타이를 매고 있었던 그 선생님처럼 나도 커서 선생이 됐으면 하고 동경하기도 했다. 특히 선생님의 넥타이가 남풍에 날릴 때의 모습은 내게 영화배우처럼 너무 멋진 신사로 보였다.

생각해 보면, 보리밭에 심었던 보리도 온데 간데 없고 벼도 다 익어 타작해 가마에 담는 것을 보았으나 보리 가마도 벼 가마도 흔적 없이 사라졌었다.

그 때는 어린 마음에 그저 그렇게 해도 괜찮은 것이라고 이해했던 것 같다.

하지만 "보리농사 지어라, 벼농사 지어라"하며 배고픈 어린 공립국민학생들에게 일을 시켰으면 그 해 농사를 다 끝낸 후 적어도 보리 떡 한 쪽이라도 먹어보라고 주었으면 얼마나 좋았을까하는 생각이 든다. 그 땐 왜 그리 인심이 없었는지…

그럭저럭 안중공립국민학교를 왕복 20리 길을 걸어서 6년 동안 다녔다.

졸업할 때는 반에서 1등을 하고 '이상원은 품행방정하고 학력이 우수해서 상을 준다' 라고 쓴 상장을 받고 주상으로 국어사전 1개, 부상으로 삽 한 개를 받았다.

부상으로 삽이라니… 지금은 상상조차 할 수 없는 일이다.

상을 받던 날, 아버지는 졸업식에 초청 받은 손님들의 좌석에 앉아 나를 쳐다보시면서 빙그레 웃으셨다.

지금 생각해보면 안중공립국민학교를 다닐 때 학교에서 고려 문익점이 중국 원나라에서 목화씨를 붓두껍 속에다 넣어 고려로 왔다는 역사이야기, 김유신 장군과 계백장군이 황산벌 대첩에서 말을 타고 싸운 이야기, 백제의 의자왕이 삼천 궁녀를 두었다는 이야기, 이순신 장군이 거북선을 만들어 한산도대첩, 명량대첩, 노량대첩에 일본해군을 무찔렀다는 이야기 등등의 역사를 많이 배웠던 것 같다.

때로 우리 반 학생들은 수학 공부가 하기 싫으면 역사 이야기를 해달라고 선생님께 졸라댔다. 그러면 선생님은 못 이기는 척 수학 수업을 하다 말고 역사를 가르쳤다. 그렇게 재미있게 한국 역사를 많이 배웠다. 하지만 안중공립국민학교를 다닐 때 수학, 과학, 한글은 무엇을 배웠는지 기억이 잘 나지 않는다.

1950년 안중공립국민학교를 졸업한 우리 반 학생 7명은 홍성중학교 입학시험을 보기 위해 안면도 승언리 독개 해변에서 장배를 타고 천수만을 거쳐 광천 독배로 갔다. 그 때 우리 학교 선생님 한 분과 아버지가 같이 동행해 주었다. 꽤나 먼 길이었다.

돛을 단 장배는 살살 부는 하늬바람으로 천수만을 순항해 보령군 오천과 홍성군 결성사이에 있는 오천 만(灣) 입구에 무사히 도달했다. 거기서부터는 광천 독배까지 바람에 돛을 달고 가다 바람이 잠잠해지면 노를 저어 독배까지 갔다.

생전 처음으로 광천역에서 홍성역, 예산역, 천안역 등을 거쳐 서울역으로 가는 장항선 열차를 타고 홍성역에서 내렸다. 내린 뒤 살펴보니 같이 간 7명 학생 중 1명이 보이지 않았다.

타고 온 그 장항선 열차를 계속 타고 예산역 쪽으로 간 것이다. 모두들 얼마나 당황하고 놀랐는지 모른다. 더구나 그 친구는 3대 독자 외아들이었다.

그 때는 다이얼 전화도 없을 때였다. 손으로 자석발전기를 돌려 교환원이 나오면 그 교환원이 상대방을 호출해 대화를 시작할 수 있는 그런 전화기뿐이었다. 우여곡절 끝에 그 전화로 학생 하나가 홍성역에서 내려야 하는데 그냥 예산역으로 갔으니 찾아서 홍성읍으로 보내달라고 예산역 철도국에 호소했다. 다행히 다음 날 그 친구가 홍성읍으로 보내졌다.

우리 7명은 홍성읍 모 여인숙에 합숙하면서 홍성중학교 입학시험을 봤다.

안중공립국민학교에서 온 학생 7명 전부 홍성중학교 입학시험에 낙방하고 말았다. 우리 아버지는 안중공립국민학교 53명 중 1등을 한 상원이도 떨어졌다며 같이 왔던 선생님한테 화를 냈던 기억이 난다.

입학시험에 떨어진 나는 이제 안면도에서 어부로 바다고기를 잡으며 일생을 보내든지, 농부로 일생 동안 지게를 지고 살 생각을 하니 내 자신이 한심스러워 눈이 부을 정도로 울고 또 울었다.

그 다음 날 우리를 인솔했던 국민학교 졸업반 선생님이 좋은 일이 생겼으니 걱정 말라고 나를 위로했다. 3~4일 지나자 나하고 다른 친구 한 명이 홍성중학교 1학년 입학허가를 받았다고 연락이 왔다.

알고 보니 홍성중학교 입학시험에 합격 했지만 가정 형편상 입학금을 내지 못해 입학을 취소한 몇몇 학생들 대신에 우리 아버지와 같이 간 다른 친구의 형님이 학교에 찬조금을 조금 주고 입학허가를 받았던 것이었다.

일생을 어부나 농부로 살아야 하는 좌절감에 빠졌던 나는 하늘을 날 듯 기뻤다.

어린 마음에 한 번의 쓰디쓴 실패를 맛본 나는 홍성중학교를 꼴지로 입학했지만 1957년 졸업할 때는 홍성고등학교 졸업반 500여명 중 1등으로 졸업을 했다.

홍성중학교 입학시험에 떨어지게 하시고 다시 입학해 1등으로 졸업하게 해 주신 것은 하나님의 깊은 뜻이었던 것 같다.

6.25전쟁과 홍성중학교 급우 박서원

홍성중학교 1학년 때 6.25전쟁이 일어났다.
홍성중학교가 있는 홍성읍 남산공원 소나무가지에 목을 매 죽은 사람도 있었다. 여기저기서 공산당원들이 남한 우익파들을 죽였다. 아무 이유도 없었다. 그냥 조금이라도 거슬리면 우익파라고 총으로, 주먹으로, 칼로 죽여댔다.

때로는 여러 명을 밧줄로 엮어 산으로 데려 가서 총으로 다 쏴 죽이기도 했다. 하루아침에 과부가 되기도 하고 사랑하는 아버지를 잃은 아이들이 생기기도 했다. 무시무시했다.

홍성중학교 2학년 재학생들은 학교에서 매일 목총으로 어깨 총 등의 구호를 외치며 군사훈련을 받았다. 14~16세 정도 되는 중기 사춘기 아이들이 교복을 입은 채 흙 위에서 포복도 하고 홍성읍 사거리에 나가서 '김일성 괴뢰를 타도하라 소련 스탈린을 타도하고 공산주의자를 무찔러라'며 입이 찢어지도록 소리 높여 외쳤다. 정말 언제 공산당이 또 남침을 할까 두려웠다.

홍성중학교에서 교련훈련을 받는 것 말고 국어, 수학, 체육, 농업 등의 과목도 배웠다. 그 때 음악도 배웠다.

음악 시험의 성적이 60점 이하 점수를 받은 학생은 낮은 점수에 따라 매를 맞았다. 51~59점을 받으면 종아리 한 대, 41~50점을 맞으면 종아리 두 대, 그리고 그보다 더 낮은 점수를 받으면 그 낮은 점수에 해당되는 매를 맞기로 음악선생님 혼자 정했다. 시험보기 며칠 전부터 음악선생님은 여러 번 이러한 공지했다.

음의 길이와 높낮이를 알리는 음표에는 머리, 기둥, 꼬리, 점의 네 부분으로 구분된다는 것, 음을 내지 않고 쉬는 때를 알리는 표를 쉼표 등을 음악 시간에 가르쳐주었다. 그리고 음표에 1박자, 3박자 등이 있다는 것도 가르쳐 주었다.

음악 시험을 본 후 며칠 후, 60점 이하를 받은 학생을 일일이 불러 종아리가 빨갛도록 때려 벌을 줬다.

그 반 학생들 앞에서 종아리가 빨갛도록 때려 벌을 줬다.

그 중에 하나가 박서원(가명)이었다.

나는 그 학생과 한 번도 다정다감하게 얘기한 적은 없었다. 하지만 뽀얀 피부와 손을 보면 적어도 나처럼 농사꾼의 아들이 아닌 것은 분명했다. 소위 금수저 계통에 속하는 아이인 것 같았다.

음악 선생님은 그 친구의 점수가 가장 낮았다며 학생들 앞에 불러 교단 위에 그 학생을 세웠다. 선생님은 무척 화가 나 있었다.

그 친구에게 자신이 본 음악 시험지를 읽으라고 엄하게 명령했다. 그러나 그 친구는 선생님의 명령에 따르지 않고 정정당당하게 교단 위에 그냥 서 있었다.

박서원, 읽어라!

음악 선생님은 큰 소리로 명령했다.

그러나 그 친구는 묵묵부답이었다.

그때 음악 선생님이 주먹이 그 친구의 얼굴을 향해 날아갔다. 박서원은 뒤로 몇 발작 물러나다가 교단 아래로 나뒹굴었다.

선생님은 그 친구에게 다시 일어나라고 명령했다.

일어나자마자 시험지를 주고 읽어보라고 했다.

그 친구는 자신이 쓴 음악 시험지에 있는 답안을 크게, 그리고 원망스런 어조로 읽었다.

"콩 콩 콩나물 대가리올시다."

선생님은 더 크게 또박또박 읽으라고 소리치셨다.

그 친구는 훨씬 더 크게 '콩 콩 콩나물 대가리올시다'라고 소리 내서 읽었다.

그 후 나는 그 친구에 대해 이런저런 사정을 알았다.

박서원의 아버지는 초등학교 선생님이셨다.

하루는 동네에서 사는 좌익파 몇 명이 박서원의 아버지 손을 뒤로 묶어 어딘가로 데리고 갔다. 들리는 말로는 그 동네 다른 우익파 몇 명과 밧줄에 묶여 산골로 데리고 가서 총살을 당했다고 한다.
박서원의 아버지는 초등학교의 모범 선생님이셨다고 한다.
당시 나이 15살인 박서원은 가슴에서 피가 끓고 정의에 불타는 중기 사춘기 학생이였다.
그 어느 때보다 아버지의 신체적 접촉 사랑, 눈길 접촉 사랑, 집중적 관심적 사랑과 보살핌, 그리고 조건없는 진정한 사랑이 절대적으로 필요한 서원이었다.
왜 우리 아버지는 그렇게 비참하게 이 세상을 떠났는지 생각하면 어찌 잠이 올 것이요, 밥맛이 나겠는가. 어찌 남들처럼 공부에 집중할 수 있었겠는가.
매일 질문을 하고 질문을 해도 자기 아버지가 죽어야 할 이유를 찾지 못하고 이제는 나를 망망대해에서 배의 갈길을 인도해 주는 등대 같은 아버지가 없다고 생각하면 어찌 우울하지 않을 수 있겠는가.
그 뿐이랴.
그에게는 친구도, 선생님도 필요 없었다. 더구나 음악 공부나 음악시험은 더 필요 없었을 것이다. 아버지가 이유도 없이 죽었는데 앉아서 음악이나 하고 있을 자신에 대한 회의감이 컸을 것이라 생각된다.
그 시험지에 써 있는 말 그대로다.
세상은 콩 콩 콩나물 대가리올시다······
소아청소년 전문의가 된 나는 가끔 박서원을 생각해 본다.
또 그 선생님을 생각해 본다.
만감이 교차했다.
그리고 내가 중고등학교, 심지어는 의과대학을 다닐 때 은사들로부터 받았던 질책과 사랑, 교육을 생각해 본다.
지금도 살아있다면 나는 박서원을 꼭 한 번 만나고 싶다.

1957년 홍성고등학교 졸업기념 사진

홍성고등학교 수석으로 졸업하던 날

예산, 당진, 홍성, 서산, 보령, 서천, 청양 등 충남 8개 군에서 온 학생들이 홍성고등학교에서 실력으로 경쟁하며 공부를 했었다. 홍성고등학교 2학년 때, 나는 패혈증과 다리에 생긴 농양으로 3개월 동안 외할머니 댁에서 한약과 페니실린 주사로 치료를 받았다. 이후 광천읍 모 병원에서 수술로 다리에 생긴 고름을 한 사발 빼내고 살아났다.

그 다음해 홍성고등학교 2학년에 재학하고 그 다음해 마지막 3학년을 마쳤다.

병으로 죽을 뻔한 나는 다른 학생으로 다시 태어났다.

사춘기 동생들 사망뿐 아니라 죽을병을 앓다 살아난 나 자신 때문에라도 나는 열심히 공부해 의사가 될 것이라고 결심했다.

홍성고등학교 졸업반에는 머리 좋고 똑똑하고 열심히 공부하는 학생들이 많았다. 내가 수석으로 홍성고등학교를 졸업하리라고는 꿈에도 생각하지 못했다.

나는 공부를 잘 할 수 있는 조용한 분위기에 등하교 시간이 짧고 주위에 젊은 여성들이 없는 그런 하숙집을 구했다.

학교에서 약 100m 정도 떨어져 있는 곳이었다.

하숙집 주인은 홍성지방 유지였고, 자녀 한 명은 초등학교 선생님, 또 다른 자녀는 홍성여자중학교 영어 선생님이었다. 그 하숙집에는 내가 보고 듣고 배울 것이 많았다. 정말 공부하기 좋은 분위기였다.

아침 일찍 일어나 학교 가기 전 영어 단어집을 들고 외우면서 매일 20분 정도를 걸었다.

홍성 읍내 책방이란 책방을 다 다니면서 소야 영문법, 소야 영어 작문법 등의 영어 참고서를 사 혼자 열심히 읽었다.

고사성어(故事成語)에도 관심이 많았던 나는 정철의 관동별곡 등도 열심히 읽고 외웠다.

'내 버디 몃치나 하니 水石(수석)과 松竹(송죽)이라. 東山(동산)의 달 오르니 긔 더옥 반갑고야. 두어라 이 다섯 밧긔 또 더하야 무엇하리' 윤선도의 五友歌(오우가)도 외우고 또 외웠다.

학교에서 배우는 학교 교재 외에 나는 독일어 대학교재를 구해 독일어를 독학하고, 기하, 미적분 등 수학도 집에서 열심히 공부했다. 밥을 먹을 때 주인이 보는 동아일보, 조선일보를 읽고 같이 토론하기도 했다.

나는 무슨 이유인지 체육시간에 뛰고 달리면 숨이 가빠서 신체적 운동을 잘 못 했었다.

해마다 홍성고등학교 전교생들은 고등학교에서 구항면 구항까지 왕복 약 20리 장거리 달리기 대회가 있었다.

학교 체육 선생님은 전교학생 중 장거리 달리기 대회에 참가하지 않는 학생은 무조건 학년 말 체육 점수를 60점 이상 주지 않는다고 발표했다.

의사의 건강 검진도 없이 모든 학생들이 무조건 장거리 달리기대회에 참가하도록 강요당했으니, 지금 생각해보면 참 무모했다.

달리거나 뛰면 숨이 가빠질 것이란 것을 알면서도 점수 때문에 어쩔 수 없이 달리기에 참가 했다. 숨이 차올라 걷다 뛰다 총 20리 거리를 반쯤 갔다가 결국 포기하고 말았다. 얼마나 서글펐는지 그 누구도 상상조차 할 수 없을 것이다.

미국에서 소아 청소년과 전문의가 된 후 알았지만, 내게 운동 유발성 경도 천식이 있어 뛰면 그 병의 증상으로 숨이 가빴던 것이다. 이러한 병을 나 자신도, 부모님도, 학교 선생님도, 그리고 의사도 몰랐던 것이다.

건강에 이상이 있는 학생들에게 체육 선생님이 이끄는 대로 참여하지 못한다고 해서 불이익을 주는 것은 참으로 정당치 못하고 어쩌면 완전히 건강을 잃을 수도 있는 무모한 행동이라고 생각했다. 의사가 된 지금도 그 생각은 변함이 없다.

미국에서 소아 청소년과학을 공부하면서 나에게 육체 운동 유발성 천식기가 있다는 것을 알았고, 이 때문에 홍성고등학교 시절 체육 점수가 겨우 낙제를 겨우 면했다는 것을 알았다.

슬픈 일이었다.

홍성고등학교 3학년 때 모의고사 시험을 보면 성적이 졸업반에서 거의 전교 5등 안에 들었기 때문에 체육 점수가 더욱 속상했다.

졸업식을 앞두고 담임 선생님의 호출로 교무실에 갔더니 거의 500여 명 졸업반 학생들 중 내가 수석을 했다고 알려주셨다.

축하한다는 말은 없었다. 담임 선생님께서 왜 그랬는지 모르겠다. 바로 부모님에게 알리고 싶었으나 전화도 없었기에, 나는 왕복 20리 길에 있는 외가댁에 가서 외할머니와 이모님에게 수석 졸업 소식을 알렸다.

이모님은 '잘했다'란 말 한마디 하시고 살짝 웃으셨다.

나중에 편지로 아버지께 알렸다. 아버지도 어머니도 '잘했다 축하한다'라는 말씀 한마디 없으셨다. 물론 축하 파티도 없었다.

홍성고등학교 교장선생님도, 졸업 반 담임 선생님도, 동창들도, 아무도 '축하한다'라고 말해주지 않았다.

동방예의지국에서 말이다.

아버지는 내가 졸업하던 날 홍성고등학교 교장실로 초청받아 교장실 한 구석에서 남루한 농사꾼 옷을 입고 앉아 계셨다. 그때 홍성군수, 경찰서장 등 홍성읍 지방 유지들이 졸업식에 참석하기 위해 교장실로 모였다.

그때 군수가 "이번에는 누가 일등을 했느냐"고 교장선생님께 물었다. 교장선생님이 "이상원이가 일등을 했다"고 말을 다 끝내기도 전에 "어디서 온 애냐"라고 물었다. "안면도에서 왔다"고 하니 "그런 섬놈한테 왜 일등을 뺏겼느냐"라고 오가는 소리를 들었다고 아버지께서 어느 날 말씀해주셨다. "어느 대학에 가느냐"고 물으니 "세브란스 의대에 간다"고 하니 "잘 했구먼"이라고 하더라고.

수석으로 졸업을 하고 충남 도지사상도 탔으나 그 당시 아버지는 나의 고등학교 졸업에 대해 아무 말씀도 하지 않으셨다.
1977년 미국으로 이민 오신 아버지께서 "그때 홍성고등학교 졸업식 날, 기분이 너무 좋아서 그 학교 선생님 20여 명 모두 모시고 관에서 식사 대접을 했었다"라고 처음 나에게 말씀하셨다. 참 오랜 시간 몰랐던 사실이었다.

그 당시는 다들 왜 그렇게 칭찬에 인색했는지 아직도 잘 모르겠다. 먹고 살기 바빠 신경 쓸 겨를이 없었을 것이라고 나는 그냥 그렇게 생각하기로 했다.

연세대학교 의예과 수료, 의과대학 졸업

어머니의 병환, 동생들의 죽음과 나 자신의 질병 등으로 나는 의료의 중요성과 의사의 존엄성을 깨닫고 나의 달란트로 의사가 되어 좋은 일을 많이 하고자 결심했다.

나같은 사람이 의사가 될 수 있을까?
안면도 촌놈도 의사가 될 수 있을까?
의사가 되기 위해 내가 공부를 다 해낼 수 있을까?
의과 대학을 다니려면 돈이 많이 필요한데 아버지가 학비를 대 줄 수 있을까?
등등의 걱정거리가 머릿속에 가득했다.

그리고 내가 의사가 되면 돈이 있든 없든 어떤 환자도 내 몸과 같이 진료해주리라 다짐했다. 그들이 아프면 아프지 않게, 그들의 하소연을 처음부터 끝까지 다 들어주고, 병에 걸려도 죽지 않게 잘 치료해 줄 수 있을까? 질병과 안전사고를 잘 예방해 줄 수 있는 좋은 의사가 될 수 있을까?

내 스스로 나 자신의 능력에 대한 질문도 끝이 없었다.

하지만 나는 굳은 의지로 노력했고, 1957년 홍성고등학교 졸업생 수 백 명 중 수석으로 졸업했을 뿐 아니라 연세대학교 의과대학 의예과 입학허가를 받았다.

모두 놀랐다.

상원이가 세브란스 의대에 간다고?

모두가 놀랄 뿐 부모님을 비롯해 친척들, 친구들, 그리고 홍성고등학교 담임 선생님도 잘했다고 칭찬해주는 사람은 없었다.

나는 세브란스 의대 입학허가를 받은 후 홍성 푸줏간에서 돼지고기를 사서 담임 선생님 댁과 교장선생님 댁에 가서 고맙다는 인사와 함께 돼지고기를 드렸다. 하지만 그 두 선생님으로부터 감사하다는 말 한마디도 듣지 못했다.

그 당시 우리나라는 감사하다는 말을 하지 않고 사는 것이 보통이었다.

아버지는 내게 사범대학을 가서 선생이 되라고 몇 번 말씀하시면서, 돈이 없어 어떻게 의과대학 6년을 보낼 수 있겠느냐고 걱정을 하셨다. 당연한 말씀이었다. 나는 아무 말도 하지 않았다.

나는 하늘이 무너져도 솟아날 구멍이 있다는 말을 믿고, 의과대학 가는 것을 고집했다.

아르바이트를 해서라도 의사가 되겠다는 결심에는 변화가 없었다. 여기서 꼭 말하고 싶은 것이 하나 있다. 나는 돈을 벌기 위해서 의사가 되겠다고 생각해 본적은 단 한 번도 없다.

그 당시는 서산군, 청양군, 보령군, 서천군, 예산군, 홍성군, 당진군 등 8개 군에서 중학교를 졸업하고 홍성고등학교 입학시험에 합격하면 홍성고등학교에 다닐 수 있었다.

홍성고등학교는 충청남도에서는 대전고등학교 다음으로 좋은 인문계 고등학교라고 정평이 나 있었다.
나와 같은 해에 졸업한 동기 중에서 어떤 학생들은 서울대학교 의과대학, 상과대학, 공과대학에도 입학했다.
연세대학교에서도 홍성고등학교를 우수한 지방 고등학교라고 인정했다.
특히 홍성고등학교를 졸업한 고은희 선배와 채일석 선배가 연세대학교 의과대학에 재학 중이었다. 그 두 선배의 학교 성적이 우수해 그분들의 덕택으로 나는 연세대학교 의과대학 무시험으로 입학허가를 받았다고 생각했다. 그 후에도 선배들은 나의 든든한 힘이 되어 주었다.
연세대학교 의과대학 의예과에 최종 입학허가를 받기 전에 구두시험을 쳤다.
구두시험을 치르러 서울에 간다고 어머니께 말씀드렸더니 내가 그동안 입고 다녔던 고등학교 교복은 남루한 기성복이라고 하시면서 6촌 형이 고등학교 다닐 때 입었던 양복을 빌려오셨다.
6촌 형은 군산상고와 군산 상대를 다녔다.
6촌 형이 입었던 양복은 양복점에서 맞춰 입은 고급 시보리 원단 교복이었다. 6촌 형은 원래 나보다 몸집이 커서 양복이 내게 잘 맞지 않았다. 어머니께서 괜찮다고 하사기에 나는 좋다고 생각하고 그 큰 양복을 입고 서울로 올라갔다.
구두시험을 보려고 시험관 앞에 섰다.
그 분은 이런 촌놈은 처음 보셨을 것이다.
인자하고 지식이 가득 차있고 사랑스러운 분이 살금살금 걸어 들어오는 내게 눈웃음을 띠면서 "How are you?" "What is your name?" 등 영어로 묻기 시작하셨다.

나는 당황했다.
질문에 대답도 잘못하고 쩔쩔맸다.
하지만 나는 고등학교 다닐 때 독일어는 200점 만점에 거의 만점이었다고 묻지도 않았는데 잘 봐달라고 말씀드렸다. 꼭 합격하고 싶다는 의지가 이런 엉뚱한 말로 표현된 듯하다.
그러나 내가 입은 촌스러운 옷차림이나 검소한 나의 태도, 아버지와 어머니가 농사를 짓는 농부라는 것, 안면도 섬놈이란 것과 홍성고등학교에서 일등으로 졸업했다는 것, 그리고 홍성고등학교 선배들이 공부를 열심히 잘 하고 있다는 등 여러 가지 감안해서 나에게 입학허가를 결정하시는 것 같았다.
나중에 알고 보니 면접관이었던 김명선 교수님은 대한민국 역사상 이름이 난 유명하신 생리학자이자 교육자였고 의사였고 또 우리 모두의 영원한 멘토였다.
그해 충청도 전 지역에서 연세대학교 의과대학을 온 학생은 대전고등학교에서 한 명, 부여에서 한 명, 청주고등학교에서 한 명 그리고 나, 이렇게 넷뿐이었다.
미국에 와서 의과대학 졸업 성적표를 처음으로 떼어보니, 63년 동기 72명 중 상위권으로 졸업을 했다는 것을 알았다.
역시 의과대학에 진학한 것은 탁월한 선택이었다.

자취를 하면서 연세대학교 의과대학 의예과 수료

나의 아버지는 논 20마지기 밭 3,000평을 가지고 대농을 하셨다. 거기다가 짐실이 배 두 척을 가지고 계셨다.
침실 방이 5개, 큰 대문이 있고 집안 마당에 펌프 샘이 있는 큰 집에서 살았다.

머슴 일꾼을 한 명을 두고 농사를 지으셨다.

당시 동네사람들은 우리를 보고 부잣집이라고 했고, 한 때는 아들, 딸 6남매가 초·중·고등학교에 다니기도 했다.

아버지는 "커서 결혼해 가정을 이루면 결혼한 형들이 동생들을 돌볼 수가 없다. 그 때문에 너에게 대학교 학비를 다 대 줄 수는 없다"고 나에게 여러 번 말씀하셨다.

이해할 수 있었다. 내 주위 대부분의 사람들도 아버지 말씀처럼 그렇게 살고 있었다.

아버지께서 사범대학을 가서 선생을 하라고 여러 번 말씀하신 것도 다 돈 때문이었다.

1959년 연세대학교 이공대학 의예과 수료

이유는 돈 때문이었다.

충청남북도에서 고등학교를 다니고 1957년 세브란스 의과대학에 합격한 학생은 총 4명밖에 안 된다고 말씀드렸지만 소용이 없었다.

참고로, 그 4명 중 한 명은 의예과 첫해에 무슨 이유로 더 이상 등교하지 않았다. 또 다른 한 명은 1년 늦게 의과대학을 졸업했고, 나머지 한 명은 2년 늦게 의과대학을 졸업했다.
다행히 나만 6년 만에 제대로 졸업했다.
나는 아버지께서 학비를 대 주시지 않으면 내가 벌어서라도 의과대학을 다녀 의사가 되겠다고 생각했다.
아버지는 의예과 첫해 1, 2학기 등록금을 대 주셨다.
나는 홍성고등학교 졸업 동창 두 명과 함께 신촌 가정집에서 방 하나를 세 얻어 자취를 했다. 그 중 한 친구는 연세대학교 문과대학 도서관학과를 다녔고, 다른 한 친구는 이공대학 전기공학과를 다였다. 고등학교 때 서로 친해서 같이 자취를 했다기보다 경제적으로 서로 이익이 되었기 때문이다.
집에서 싸 온 고추장이나 된장을 거의 매일 먹다시피 했다.
미국 선교사들이 연세대학교에 기부한 치즈 한 깡통을 배급받아 처음 한 학기동안 아침저녁을 먹기도 했다.
된장국이나 콩나물국을 끓일 때 감초처럼 치즈 한 수저를 국에 넣었다.
그것 말고도 2~3일마다 한 번씩 고등어를 구워 먹었다. 사춘기 말기에 있는 우리들에게 치즈와 고등어는 단백질의 주 자원이었다.
한 학기 동안 돼지고기나 쇠고기, 또는 닭고기를 한 점도 먹어보지 못했다.
구멍가게에서 산 볶은 멸치나 단무지, 쌀밥 도시락을 싸서 학교에 갔다.
나는 교실 한 구석에 혼자 앉아 점심식사를 했다.
거기서 점식을 먹는 같은 반 학생들을 어깨 너머로 슬쩍 보면 무장

아찌, 달걀부침, 명란젓, 또는 쇠고기 장조림 등을 싸와서 먹었다. 어머니의 사랑이 듬뿍 담긴 도시락을…

삼시세끼 김치 구경도 못하고 밥을 먹는 것이 보통이었다. 가끔 집 주인이 주는 김치를 먹으면 그 날은 아주 횡재한 날이다.

그래도 영양실조에는 걸리지 않았다. 비타민도 사먹지 않았는데…

같이 자취를 하는 친구의 부모가 시골 홍성에서 가끔 올라오면 그 아들만 데리고 나가 음식점으로 가는 것 같았다.

불행하게도 나의 부모님은 한 번도 오시지 않았다.

밥을 손수 해먹고 다니니 손은 엉망이었다. 물론 집에는 샤워할 곳이 없어 가끔 공중목욕탕에 가서 씻는 게 전부였다.

뿐만 아니었다. 옷이라고는 의예과 첫 학기 들어갈 때부터 입은 기성 교복 한 벌 밖에 없었다. 그것을 한 학기가 끝날 때까지 입고 다녔다.

밥을 해먹고 설거지를 하고 고추장, 된장을 먹고 학교를 다녔으니 내 옆자리의 고통을 한 번 생각해 볼만도 했다. 경기여고를 수석으로 졸업한 공주님 여학생이 내 바로 옆자리였다. 의예과 첫해 동안은 가나다 순으로 정해진 의자에 앉아서 강의를 들었다.

내 꼴이 하도 안 되고 옆자리 학생에게 미안해서 학교 가기 전 손과 머리에 향수를 뿌리고 갔다. 참, 향수가 아니고 독한 화학물질의 액체였다.

이런 글을 오늘 우리 아내와 같이 쓰다가 얼마나 웃었는지 모른다.

아내가 말하기를 차라리 그런 것을 뿌리지 말고 학교에 다녔으면 얼마나 좋았을까?

나는 가끔 내 옆자리에 앉아 강의를 들었던 동기 여의사에게 미안했다고 열 두번도 사과를 하고 싶다.

가정교사

　　1957년부터 1963년까지 의예과와 의과대학을 다니는 동안 농촌 부모님으로부터 학비와 등록금, 그리고 생활비를 다 받을 수 있다는 것을 상상도 못하던 시절이었다.

내가 의예과 1학년 때 아버지는 논 열마지기와 배 두척을 판 돈을 가방에 넣고 서울로 오셨다.

내게 그 돈으로 서대문구 창천동에 집 7채를 사서 집장사를 하라고 하셨다.

의예과에 들어가니 학교에서 배우는 과목이 상당히 많고 진도가 빨라서 매일 밤낮으로 공부하지 않으면 낙제하기가 쉬웠다. 더구나 시골 고등학교를 다닌 내게는 영어 회화시간이 가장 공포스러웠다. 그 시간만 되면 나는 벌벌 떨면서 바보 취급을 받았다.

6.25전쟁이 났던 해 나는 홍성중학교에 입학했다. 홍성중학교 1학년 영어시간에 f와 p를 발음하는 법과 th와 s발음을 하는 법, 그리고 r과 l를 발음하는 법을 배우다가 전쟁이 터져 홍성읍에서 안면도 집으로 간 후부터 영어 발음하는 법을 배운 적이 없었다.

F를 제대로 발음하려면 아래 입술을 위턱 이로 살짝 물고 발음하라고 배웠다. 그리고 p자는 한글에 있는 ㅍ발음과 비슷하게 발음할 수 있다고 배웠다. 전쟁이 나자마자 목탄차를 타고 홍성읍에서 서산읍까지 갔다. 서산읍에서 태안읍과 남면을 거쳐 안면도 집까지 거의 백리를 걸어갔다.

그 후 3~4개월 동안 안면도 집에서 쉬다가 홍성중학교로 복교했다.

하지만 배우다 만 영어발음을 더 이상 배우지 못했다.

홍성고등학교를 다닐 때도 영어 회화를 공부하는 시간은 없었다.

그러나 영어 성적은 늘 90점 이상이었고, 영어선생님은 항상 내게 잘 했다고 칭찬해 주셨다. 그러나 영어 발음의 잘잘못에 대해서는 가르쳐 주시지 않았다.

연세대학교 의예과 1학년 동안 영어 회화 시간이 있었다. 미국에서 온 여성 선교사가 가르쳤다.

영어 회화 시간이 되면 나는 지옥에 있는 기분이었다. 회화 선생님은 학생 한 명 한 명에게 영어로 질문하고 학생은 영어로 답변하는 식으로 수업이 진행되었다.

바로 옆 자리에 있던 여학생은 영어 회화를 잘 했다. 나는 간단한 영어로 질문을 받고도 무슨 질문을 하는지 몰라 어리둥절했다.

학년말 영어회화 성적은 60점이었다.

1점만 낮았으면 낙제를 해서 1년을 재수할 뻔 했다. 내가 1년 재수하면 우리 아버지는 논 여섯마지기 팔아 또 나의 학비를 대 주었을 것이다.

또 우리 반 학생들이 저 시골 촌놈이 영어회화 한 마디도 못하는데 어떻게 의예과에 들어 왔느냐고 무시할 것을 생각하면 너무나 속이 상했다.

6.25전쟁을 원망했고 홍성중고등학교 영어 선생님들을 원망하고 싶었다.

때로는 영어 회화 시간이 되면 쥐구멍 속으로 들어갔다가 그 시간이 끝나면 나오고 싶은 심정이었다. 홍성고등학교 수석 졸업생인 나의 영어 회화 실력이 이것뿐인가 생각하면서 땅을 치고 울고 싶었다.

영어 회화뿐 아니라 수학시간 미적분을 배울 때도 나는 좌절감에 빠지곤 했다. 내게는 낯선 수학문제였지만 서울에서 고등학교를 다닌 어떤 학생들은 이미 학교나 학원, 혹은 가정교사에서 배웠다고 말하는 것을 들었다.

홍성고등학교 때에 자습으로 공부한 독일어나 국어는 아주 쉬웠다.

역시 시골에 있는 고등학교와 서울에 있는 고등학교에서 교육받은 학생들의 실력차이를 체감할 수 있었다. 게다가 자취를 하거나 가정교사를 하면서 의예과 공부를 한다는 것은 녹록지 않았다. 내게는 시골에 있는 부모님과 동생에 대한 걱정도 컸다. 가끔은 내 고집대로 의예과에 온 것이 잘한 것인지에 대한 갈등도 생겼다.

같은 반 어떤 학생들은 나를 바보같이 취급했을지도 모른다. 하지만 나는 보란 듯이 주어진 기회를 놓치지 않고 의예과 2년 과정을 무사히 마치고 의학과 1년에 진급했다.

의예과를 다닐 때는 자취나 가정교사를 해서 먹고 자는 것을 해결했다. 그리고 부모님이 등록금의 일부를 대 주셨다.

그 당시에 연세대학교의 종교학과 교수이자 목사님께서 내 사정을 듣고는 친구 댁에 가정교사를 하라고 소개해 주셨다.

그곳은 청와대 근방 청운동에 있었다. 아들이 셋 중 나는 제일 큰 아들의 가정교사가 되었다. 서울대 상대를 다니다 군에 입대한 현역 사병이 둘째 아들의 가정교사가 되었다. 그리고 진명여고 여학생이 셋째 아들의 가정교사를 했다. 그 집은 가정교사가 셋이었다. 가정부도 있었고 심부름하는 젊은 청년도 한 명 있었다. 자동차 운전사도 있었다.

시골 농부의 자식으로 부유한 집의 가정교사를 하는 것은 꿈에서도 생각할 수 없는 일이었다. 의예과 수업이 끝나면 연세대 이공대학에서 백양로를 걸어 신촌로터리에서 종로로 가는 버스를 타고 광화문에서 내려 걸어 청운동을 가면 대개 저녁 6시 경이 된다. 찬물로 세수를 하고 저녁을 먹고 2~3시간 동안 가르치고 난 후에 내 공부를 했다.

거의 매일 보는 의예과 시험 준비에 나도 눈코 뜰 사이가 없이 바빴다. 한 번은 학기말 시험 공부를 할 시간표를 짜보니 평소처럼 잠을 자고는 도저히 공부할 시간적 여유가 없었다. 그래서 구멍가게에서 파는 카페나를 사먹었다. 카페나 성분의 약리 작용은 뇌 중추신경을 자극해 잠을 못 자게 하는 것이었다.

그것을 먹고 나니 잠이 통 오지 않고 정신이 핑핑 돌아 집중을 할 수가 없었다. 어떻게 시험을 봤는지도 모르겠다. 빵점을 맞은 것 같았다. 호된 경험을 했지만 다행히 그 과목은 통과됐다.

아무리 생각해도 이런 식으로 가정교사를 하면서 의예과 공부를 한다는 것이 무리였다.

심사숙고하다 안면도에서 서울로 공부하러 온 대학생들이 기거할 수 있는 서울 성북구 문화동에 있는 안면 학우사에 가서 다시 자취생활을 시작했다.

학우사에는 침실 방이 3개 있었고, 때마침 방 하나가 비어있었다. 내가 그때 안면도 학우회 회장이었다. 이곳에서 공부하며 학교를 다니고 청운동은 일주일에 2번 정도 가서 가정교사를 하기로 했다.

내가 쓰는 방은 다다미방이었다. 소한이나 대한같은 추위가 와도 별수 없이 추운 다다미방에서 그냥 지내야 했다. 얼마나 추운지 이 부딪히는 소리가 날 정도로 벌벌 떨었다.

의예과 수업이 끝나면 일주일에 두 번 청운동에서 학생을 가르치고 밤 9시 경에 버스를 몇 번 갈아타고 학우사 다다미방으로 와서 공부를 하려니 몸이 파김치처럼 늘어졌다.
하루는 너무 힘들어서 더 이상 가정교사를 할 수 없다고 말하자 수성전기공업고등학교를 다니는 그 학생이 엉엉 울었다.
소아마비로 다리가 불편해 잘 걷지도 못하고 목발을 짚고 다니는 그런 사춘기 학생이었다. 지금도 그 학생이 살아있다면 가서 꼭 안아주고 그때 나를 좋아했던 그에게 감사를 전하고 싶다.

▲ 나의 고향 안면면 중장리에 있는 화성사 염전 사무소를 무의촌 진료 장소로 정하고 여기에서 무료진료를 했다. 종이 매달려 있는 곳에서 멀리 보이는 평평한 곳이 화성사 염전의 일부분이다.

◀ 뒷줄 왼쪽부터 화성사 사장 정동욱, 연세대학교 의과대학 교수, 나, 앞 왼쪽부터 이규창, 정태수

◀ 안면도와 연세대학교 의과대학이 무의촌 결연을 맺었다. 무의촌 순회 진료를 하러 안면도로 가는 길. 연세대학교 의과대학 학생들과 교수가 서울역에서 장항선 기차를 타고 있다.

▲ 안면도 승언리 딴둑 주민들과 흰 가운을 입은 무의촌 진료진 의과대학 학생들. 뒷줄 가운데 아이들 뒤에 서 있는 사람이 나.

▲ 의사도 아닌데 의사인 척 의사 가운을 입은 나와 1년 후배 의과대학 학생

▲ 무의촌 진료에 참가한 연세대학교 의과대학 3, 4학년 무의촌 진료진 학생들과 교수.

연세대학교 의과대학 세브란스병원과 무의촌 안면도

　　1963년도 연세대학교 의과대학 졸업반 학생 수는 전부 72명이었다.

그중 부산, 전주, 수원, 경북 선산, 그리고 서산에서 온 학생들 이외는 다 서울에 있는 고등학교를 졸업했다.

특히 나는 홍성고등학교를 졸업하고 상경했지만 안면도 섬, 더군다나 장등개 깡촌 출신 의대 학생이었다. 같은 반 급우들은 가끔 안면도 같은 시골 섬에서 한 학기 동안 고달팠던 심신을 풀고 싶어 했다.

5.16 혁명이 이후 박정회 혁명 정부는 국민들의 행복과 건강 증진을 도모하려고 다방면으로 애썼다.

그 당시 각 의과대학이 전국 각처 무의촌 사람들의 건강증진을 도모하는 무의촌 무료 진료를 해줄 것을 장려했다. 그래서 연세대학교 의과대학 세브란스 병원은 충청북도 단양과 무의촌 자매결연을 맺고 지역민들의 건강을 돌봐주었다.

이 내용을 들은 나는 같은 반 한 학생이 잘 아는 공보부 장관에게 간청해 안면도와도 무의촌 자매결연을 맺도록 건의했다.

다행히 내 건의를 받아 주었다. 하나님께 감사드린다.

그 당시 의과대학에 '운사클럽'이 있었다. 그 클럽에 들어 있는 2, 3, 4학년 의과대학 학생들과 교수 한 명으로 구성된 의료진이 안면도 무의촌 의료 담당이 되었다.

운사클럽에서는 무의촌 진료비가 나왔다. 하지만 무의촌 사람들에게 조금이라도 더 도움이 되고자 종근당약품, 한독약품, 유한양행, 그리고 의과대학 세브란스 병원 등에서 아스피린, 머큐로크롬액(아까징끼액), 소화제, 붕대, 겐티안 바이올렛 액 등 진료용 의약품을 싸 가지고 갔다.

우리는 천일염을 생산하는 화성사에서 제공하는 사무실에서 무료 진료를 했다. 그리고 식사도 제공 받았다. 지방의 유지인 화성사 염전 사장 정동욱 씨와 나는 나이 차이가 많지만 여러 해 동안 서로 잘 아는 사이였다. 식사와 진료장소, 잠자리 등을 무료로 제공 받아 운사 진료비로 쓸 예산이 넉넉했다.

연세대학교 의대 세브란스 병원에서 의사들이 무료 진료를 해 준다고 하니 진찰을 받으러 오는 농촌 사람들이 길을 메울 정도였다. 나는 그때 비록 의과대학 3학년이었지만 의사 가운을 입고 청진기를 목에 걸고 이상원이라는 이름표를 가슴에 달고 무의촌 환자를 진료했다.

아버지는 어려운 형편에도 불구하고 아들을 의과대학에 보내 뒷바라지 하느라 허리가 더 휘었을 텐데, 고향에 내려와 동네 사람들을 진료하는 모습이 조금이나마 위로가 되었으면 좋겠다는 마음이었다.

거기서 3일 간 무의촌 무료 진료를 마친 후 의료진을 우리 집으로 모셨다. 누추하지만 전부 짐을 풀고 하루 밤을 편히 지냈다.

어머니는 쌀밥, 열무김치, 박대 생선찜뿐 아니라 씨암닭까지 몇 마리를 잡고 말린 두릅나물로 귀한 손님들을 대접하셨다. 그리고 용수로 받쳐 만든 농가집 청주도 한 잔씩 주셨다. 어머니는 잘 생기고 똑똑한 연세대학교 의과대학 학생들과 아들 친구 의사들(?)에게 음식을 대접한 것이 그저 기뻤다고 말씀하셨다.

그 다음 날 안면면 면장과 지서장이 제공하는 식사 대접을 받았다. 원래 민폐를 끼쳐서는 안 되지만 먼저 높으신 분들의 간청이 있었다. 그분들의 안내로 딴둑 동네에서 무료진료를 실시했다. 무료 진료를 다 마친 뒤 유명한 방포해수욕장에서 며칠을 즐기고 상경했다.

딴둑에서 방포를 가는 길은 약 십리였다. 그때 방포에서 먹으려고 큰 수박을 몇 통 샀다. 삼복더위에 그 무거운 수박을 나에게 맡겼다. 십리 길을 혼자 들고 가다보니 무거울 뿐 아니라 땀이 비 오듯 흘러 슬그머니 화가 나기 시작했다.

반 정도 가다 '에라 모르겠다'하는 마음으로 수박을 땅에 떨어뜨려 박살을 냈다. 같이 가던 의사들이 전부 모여서 깨진 수박조각을 잡고 먹느라 정신이 없었다. 속이 시원했다.

원래 계획했던 예산에서 꽤 많은 돈이 남았다. 그 돈으로 서울에서 동양 맥주로 잔치를 했다.

논밭 판 돈, 농사 지은 쌀, 보리, 달걀 등으로 나를 의과대학에 보내주셨던 어머니와 아버지에게 내가 진짜 의사같이 환자를 진료하는 것을 보여드려 기쁘고 뿌듯했다.

서울로 돌아가기 전, 진료하다 남은 약품들을 다 내게 주었다. 나는 그 약으로 방학 때 고향에 와서 동네 주민들을 치료했다. 그들은 나중에 국회의원에 출마하면 한 표 주겠다며 웃으셨다.

농가진 등 피부병 환자가 오면 겐티안 바이올렛 액(잉크색 같은 물약)을 얼굴, 입안 등 병소에 발라 치료하고, 통증이 있다고 하면 진통제 아스피린으로 치료해 주었다. 소화가 안 된다면 소화제를 주었다. 이렇게 의대생이 불법 의료행위를 했지만 하나님이 나를 용서해 주셨다.

다행인 것은 내게 치료를 받은 환자들 중 지금까지 잘못 치료 받았다고 항의하거나 의료분쟁에 휘말린 적도 한 번도 없었다.

1963년 의사가 된 후 지금 이글을 쓰고 있는 지금 이 순간까지 무사고인 것은 그때 불법 진료를 하나님이 용서해 준 것이라 생각한다.

약 15년 전 태안군 보건소에서 근무할 의사를 구한다고 해서 태안군과 안면도에서 태안 군민건강 보건 관리를 원한다고 지원하기도 했었다. 이렇게 고향과 의료에 대한 나의 욕망은 의과대학 시절부터 지칠 줄을 몰랐다.

무면허 돌파리 학생 의사 이상원

1959년 여름방학 어느 날 '연세'라고 쓴 바로 아래에 '의'라고 쓴 연세대학교 의과대학 학생 배지를 겉옷 앞주머니 위에 달고 서울역에서 장항선을 타고 수원-천안-온양-예산역을 거쳐 홍성역으로 갔다.

거기서부터 버스를 타고 갈산, 해미, 서산, 태안, 남면, 판목을 거쳐 안면도로 가는 나룻배를 타고 안면도 신온 백사장에 도착했다. 거기서부터 걸어서 30리길을 가면 안면면 중장리 장등개 우리 집이 나온다.

이렇게 서울에서 집까지 가는 동안 사람들이 나를 힐끔힐끔 쳐다보았다. 때로는 나의 머리서부터 구두발까지 살펴보고 내가 달고 있던 '연세/의'라고 쓴 배지를 봤다.

특히 아가씨들은 의과 대학생 배지를 단 나를 보면서 저런 신랑을 만나면 돈 방석에서 앉아 일생 여유롭게 살아갈 수 있다고 생각할 것이다.

안면도 집에 도착하자마자 사방에서 내가 오면 진찰을 받겠다고 많은 사람들이 기다리고 있었다.

의과대학 본과 1학년 때, 인체 해부학, 세균학, 질병 진단학 등을 배웠다.

나는 알면 알수록 이런 수업들이 더 재미있었다. 천상 의사인가 보다.

질병 진단학에서 배운 대로 환자가 말하는 주요호소증상(Chief complaint)을 듣고 과거병력, 가족병력, 현재 질병력, 증상 징후, 망진, 시진, 청진, 촉진, 타진 등으로 질병을 진단했다. 더 확실히 진단하기 위해 필요한 소변이나 피 임상 검사라든지 X선 검사는 할 수 없었다.

진단은 해 놓고 치료하는 방법을 배우지 못해 쩔쩔 맸었다.

한 번은 아주 점잖은 부모와 고등학교 2학년 학생이 아침 일찍 우리 집에 왔다. 그 아들이 배가 아프고 토하고 열이 조금 난다는 주요호소증상을 말했다.

질병 진단학에서 배운 대로 병력을 자세히 들어 보고 머리끝부터 발끝까지 진찰했다. 눈, 코, 귀, 입, 목구멍, 진찰 소견이 다 정상이었고 가슴과 숨, 심장음도 다 정상이었다. 팔 다리도 잘 움직이고 근육도, 뼈도, 소변도 다 정상이었다.

하지만 배가 비정상적으로 부르지도 않은데 손으로 만져보고 눌러보니 배꼽과 오른쪽 장골 크레스트 사이에 있는 하복부에 압통이 심하고 그 복부 부위를 눌렀다가 손을 떼니 깜짝 놀라면서 더 아파했다. 복부에 반발 통증이 있는 것을 발견했다.

급성 맹장염에 걸린 것 같다는 진단과 함께 서산 도립병원에 가서 수술을 받으라고 했다.

이후 얘기를 들어보니 서산 도립병원으로 치료 받으러 가다가 의과대학도 다니지 않은 안면도 공의의 진단을 받고 거기서 하루 더 치료받는 동안 너무 아파서 서산 도립병원으로 가서 터진 맹장염을 응급으로 수술 받고 3주 동안 병원에 입원했었다고 한다.

이런 소문이 주위에 파다하게 났다.

난소 낭종을 진단받고 서울에서 치료

내가 살던 장등개에 장등초등분교가 있었다. 아버지와 화성사 염전 사장 정동욱 씨는 장등초등분교를 설립하는데 크게 공헌했다.

그 강촌에 화성사 염전이 생기고부터 인근에 살던 사람들이 그곳에서 일하기 위해 어린아이들을 데리고 많이 이사를 왔다. 내가 안중공립국민학교를 다닐 때는 왕복 이십리이었다.

정동욱 씨와 아버지는 장등초등분교 설립을 위해 적극적으로 노력했다. 그 학교의 선생님으로 처음 전근해 온 선생님이 눈발 휘날리는 추운 겨울 어느날 우리 집으로 왔다.

그 선생님은 상처(喪妻)하고 재혼한 부인과의 사이에서 낳은 9개월짜리 여아가 숨을 잘 쉬지 못하고 이틀 동안 앓고 있다면서 자기 집에 가서 봐달라고 사정했다.

부랴부랴 옷을 입고 청진기 하나 들고 그 선생님을 따라가던 중 아기가 죽었다는 얘기를 들었다.

정말 마음이 아팠다. 왜 죽었는지 미루어 짐작이 되었지만 이미 때는 늦었다.

그후 1년이 지났을 즈음, 그 선생님과 부인이 또다시 우리 집을 찾아왔다. 부인은 아기의 죽음으로 인한 충격으로 난관절제 불임수술을 받았다. 그런데 지금 배가 임신 6개월 정도로 불렀다고 걱정하면서 또 임신한 것이 아니냐고 물었다.

질병진단의학을 상기하면서 병력을 더 듣고 자세히 진찰을 했다. 눈, 코, 입, 귀, 목구멍, 폐 심장, 비뇨기 등은 다 정상이었다. 월경주기도 정상이었다. 그런데 배가 불렀으나 임신이 아닌 경우를 찾아 질병 진단의학 교과서를 펼쳐 봤다. 선생님 부인의 부른 배가 질병 진단의학 교과서에 있는 난소 낭종인 여성의 배 사진과 똑같았다.

그때 그 부인은 최근 자기와 남편 사이에 태어난 9개월 된 아기가 죽은 후 자기는 임신을 해서 곧 아기를 낳을 수 있다고 아주 좋아

했었다.

그러나 배가 상당히 부르고 적어도 임신 6개월 정도 되면 태동를 감지할 수 있는데, 태동도 감지되지 않고 임신이 되면 월경을 하지 않는데 월경을 주기적으로 계속하고 태아의 심장 박동도 청진기로 들을 수 없었다.

임신이 아닌 것 같다고 진단하고 서울에 가서 확진 받고 치료 받으라고 권장했다.

그 후 몇 달이 된 후 소식을 들으니 왼쪽 난소에 낭종이 생겨서 그 낭종을 수술로 절제했다고 했다.

또 한 번 용한 돌파리 학생 의사라는 소문이 파다하게 났다.

그 후 놀랍게도 나팔관 불임 절제수술도 받고 한쪽 난소도 낭종으로 수술로 떼어냈지만 진짜로 임신을 해서 아기를 정상으로 났다는 말을 들었다.

차 한 잔 얻어먹지도 못하고, 감사하다는 말 한마디도, 카드 한 장도 받지 못했다. 물론 1원도 주지도 받지도 못했다.

그러나 그 장등초등분교 선생님과 사모님 그리고 자녀들을 한 번 보고 싶다.

제3장
무의촌 의료봉사와 군의관

제3장 무의촌 의료봉사와 군의관

의과대학 졸업 후 세브란스 병원 무의촌 인턴

의예과 2년, 본과 4년 총 6년이라는 의예과와 의학과 과정을 마치고 졸업했다. 이 시간이 얼마나 길게 느껴졌는지… 그해 의사 자격시험에도 합격했다. 의과대학 제4년 차 재학 중, 미국 병원에서 인턴이나 레지던트 수련을 받을 수 있는 ECFMG 시험에도 합격했다.

학생이라는 신분을 벗고 나니 이제 수많은 현실적인 문제들이 눈앞에 다가왔다. 결혼, 부모님과 동생들을 경제적으로 돌봐야 하는 문제, 자식된 도리(道理)를 다하는 것 등이 당장 나에게 닥쳐 있었다.

안면도 촌놈이 서울로 유학오다 (1963년도 연세의대 졸업 앨범에서)

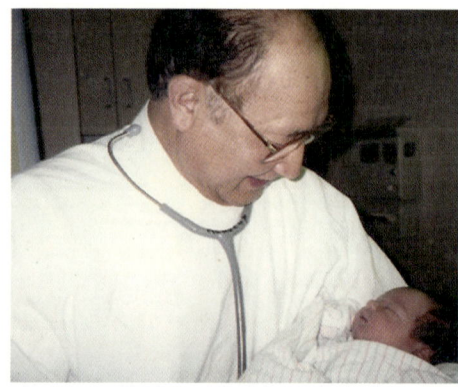

1968년 의학 연수교육을 받기 위해 유학. 미국 코네티컷 대학교 의과대학, 예일대학교 의과대학에서 소아 청소년과학 레지던트 수련을 받고 28년간 Willimantic에서 개인 소아 청소년과 진료를 하면서 미국 Top 소아 청소년과 전문의로 선정되었다.

1963년 연세대학교 의과대학을 졸업한 동기생들은 총 72명. 그해 충청도에서는 내가 유일한 졸업생이었다. 서울이나 대전 또는 읍, 등을 제외하고 시골에는 의사가 한 명도 없었다. 당시 우리나라는 병이 나도 의사의 도움을 제대로 받지 못 한 채, 민간의료에 의존하고 살던 시절이었다.

졸업한 동기 의사들 중 일부는 모교 의과대학 세브란스 병원의 인턴으로 남았다. 일부는 공군 군의관으로, 일부는 육군 군의관으로 3년 간 군복무를 한 후 인턴 레지던트 의료 연수차 도미하려는 의사들도 있었다.

동기 의사들 중 여성 동기 의사들은 군복무를 할 필요가 없었기 때문에 그들의 대부분은 ECFMG 시험에 합격한 후 바로 인턴 의료 수련을 받으러 미국으로 떠났고 일부는 모교에 남았다. 일부는 모교 의과대학 세브란스 병원에서 인턴 수련을 받다가 홀연히 미국 인턴 레지던트 수련을 받으러 떠나기도 했다.

그 당시에는 의과 대학 졸업 후 군에 입대하지 않고 바로 미국에서 특수 의학 분야 레지던트 수련을 마치고 고국에 돌아와 군 특수 의학 분야 전문의 군의관으로 근무하는 Kim's plan이란 것이 있었다. 나는 이 모든 분야에 지원하면 거의 다 받아 줄 수 있는 필요 요건을 가지고 있었다.

그러나 1963년 연세대학교 의과대학 동기 의사 72명 중 6명은 의과대학 재학 중 '무의촌 봉사 장학금'을 받은 이유로 졸업 후 2년 동안 무의촌 의료 봉사를 해야 했다.

그 첫 번째 과정으로 모교 의과대학 세브란스병원에서 '무의촌 인턴 수련과정'을 6개월 동안 필수적으로 받아야 했다.

그러나 '무의촌 의사들'에게 적절한 인턴 수련 규정이 제대로 있는 것은 아니었다. 즉 알아서 무의촌 의료 봉사 인턴 수련을 받으라는 식이었다. 우리는 의붓자식 같이 인턴과정 스케줄을 동냥하면서 인턴 수련을 받은 셈이다.

듣자하니 동기 의사들 중에는 공군, 해군 등 군의관으로 입대한 의사들도 있었다.

그때 우선 육군에 입대해서 3년 동안 충실히 군 복무를 마치고 제대한 후 미국으로 건너가 인턴 수련을 시작하는 것이 최상이었다. Kim's plan에 들어가서 미국에 가서 인턴 수련을 받은 후 어떤 특수 의학 전문 분야 레지던트 수련을 받고 귀국해 한국군에서 특수 의약 전문 분야 군의관으로 군 종합병원에서 일정 기간 동안 복무하는 것도 상당히 선호했었다.

한국에서는 금수저 부모를 두었거나, 일류 학교 선배들이 있거나, 좋은 빽이 있거나, 돈 돈 돈이 있어야 했다.

하지만 이 중에서 단 하나도 갖지 못한 것이 내 운명이었다.

연세대학교 의과대학 세브란스 병원에서 '무의촌 인턴'수련을 받는 대신 그 당시 고양보건소와 전라북도 개정 보건소에서 무의촌 의료 봉사를 하려는 '무의촌 인턴 수련의'를 초청해 무료 환자를 진료하는 계획이 있다는 말을 듣고 나는 고양보건소에 가서 1개월, 전북 개정보건소에서 1개월 동안 환자들을 진료했다. 그리고 서울 시립아동보건소에서 1개월 동안 소아 환자들을 진료하면서 시간을 보냈다.

생각해보면, 그때 누구도 좋은 의사가 되기 위한 사명감이나 국가와 국민을 위해 봉사하는 의사에 대한 자부심을 가르쳐 주지 않았다. 정말 무의촌 의료봉사는 정책이나 규칙 따위는 찾아볼 수 없는 엉망진창이었다.

하여튼 그럭저럭 '무의촌 인턴'수련 6개월을 보내고, 고향 서산보건소에 2년 무의촌 의료 봉사를 하러 갔다.
당시 모 교수가 나를 불러 예방의학 교실에 남아있으라고 했지만 나는 무의촌에 가는 것이 상당히 중요하다고 생각하고 거절했다.
첫째 의사가 없는 고향 무의촌에 가서 돈이 없어서 치료를 받지 못하고 죽는 환자들을 치료해줄 수 있다는 것은 내게 큰 의미였다.
둘째 월급을 받아 나를 의사가 되게 한 부모님과 동생들을 도와주어야 했다.
지금 그런 제안이 와도 내 결정은 같을 것이다. 백일해와 홍역을 앓던 어린이들을 치료하던 생각, 아침에 출근하면 보건소의 복도를 다 메울 정도로 많은 환자들이 기다리고 있었다. 나의 진료를 받았던 것을 생각하면 지금도 뿌듯하기만 하다.

두 사람의 생명을 살린 그날

연세대학교 의과대학 세브란스 병원에서 '무의촌 인턴'수련을 받는 대신 1개월 동안 고양보건소에서 근무했던 적이 있었다. 낮에는 무료 환자 진료하고, 밤에는 기숙사에서 편히 쉬며 보냈다.
새벽 2시 경, 깊이 잠든 나를 깨우는 소리가 들렸다.
고양보건소에서 근무하는 간호사가 방문 밖에서 '도와 달라'고 간청했다.
산모가 하루 종일 진통을 겪고 있으나 아기를 순산하지 못하고 있다는 것이었다.
나는 옷을 주섬주섬 챙겨 입고 그 산모의 집으로 갔다.
약 30세 되는 경산모가 아기를 낳으려고 24시간여 진통을 겪으면서 기진맥진해 있었다. 초산 때는 아무 이상 없이 아들을 낳아 지금 2살이 되었다고 했다.

세브란스 병원 산부인과에서 '무의촌 인턴 수련'을 받을 때와 의과대학에서 공부를 할 때 조금 얻어 배운 임상 산부인과 실력으로 태어나는 아기의 체위를 알아보기 위해 우선 산모의 복부를 진찰하고 태아의 심장 박동을 체크했다.

보통 초산부에서는 12~14시간, 경산부에서는 6~10시간 동안 진통이 진행되다가 아기가 태어난다. 하지만 이 산모는 경산부인데 진통이 20시간이 넘었다는 것이다.

의료 장갑을 끼고 내진을 했더니 자궁 경관(자궁문)은 아기를 출산할 수 있을 정도인 10cm 로 완전히 확장되어 있었다.

정상적으로 태어나는 자궁 내 아기는 선진부가 머리인데, 이 경우는 머리 대신 등(배면/背面)이 선진부분이었다.

얼핏 생각해 보니 아기의 선진부가 머리도 아니고 엉덩이도 아니도 등이었다. 즉 아기가 횡위를 취하고 있었다.

그때 분만 선진부가 등이었기 때문에 아기는 좁은 산도 속과 자궁문을 무사히 통과해 정상적으로 태어날 수도 없고, 산모와 아기의 생명에도 위험할 수 있다고 말해 주었다.

그때 옆에서 분만과정을 지켜보고 있던 시어머니가 산모를 살리고 아기를 잘라 내달라고 말했다.

나는 그렇게 할 수 없다고 딱 잘라 말하고, 세브란스 병원으로 빨리 데리고 가라고 했더니 돈이 없다고 했다.

나는 세브란스병원에 있는 캐나다 출신 미스 밴스 선교사에게 전화해 사정 이야기를 하면서 도와달라고 했더니 세브란스 병원으로 당장 보내라고 했다.

그날 오후 세브란스 병원 산부인과 입원실로 가서 그 산모를 만났다.

태어난 아기를 보지는 못했지만 산모는 환한 얼굴로 나에게 고맙다는 인사를 했다.
그때 태어난 아기는 지금 나이가 53세쯤 됐을 것이다.
지금은 무엇을 할까?
건강하게 잘 지내고 있는 걸까?
나를 만나면 그때 자기를 살려 주었다고 차 한 잔 사줄까.
그때를 추억하니 의사로서의 뿌듯함이 가슴 깊이 밀려왔다.

서울시립아동병원에서 1개월 간 '무의촌 인턴'

1963년 연세대학교 의과대학을 졸업한 후 무의촌 의료 봉사 전, 연세대학교 의과대학 세브란스 병원에서 6개월 간 '무의촌 인턴 수련과정'을 받았다.
거의 한 달 동안 서울시립아동병원에서 인턴수련을 받았는데, 사실 거의 매일 나 혼자 그 병원 소아환자들을 진료했다.
그 당시 부모가 없는 고아원에서 보낸 소아환자들, 부모가 있더라도 양육할 수 있는 경제력이 되지 않아 무료치료를 받는 소아환자들, 길에 버려진 병든 아이들 등이 서울시립아동병원에 치료를 받았다.
당시는 서울 여기저기에 그런 어린이들을 수없이 많았다. 이들에게 무료 진료를 해주는 소아 병원이 있다는 것은 정말 다행이었다.
이곳에는 협소한 신생아 입원실에 수십 명의 신생아들이 입원하고 있었다. 한 신생아가 포도상구균 감염병에 걸리면 같은 신생아실에 있는 다른 신생아들에게 삽시간에 감염되었다.
이런 신생아들을 간호, 육아, 양호하는데 필요한 간호사뿐 아니라 부수적 인력과 경제적 뒷받침이 필요했지만… 정작 의사는 나 혼자였다. 필요에 따라 가끔 외래 외과의사가 와서 수술을 했다.
하루에도 여러 어린이들이 죽어 사망 진단을 하기도 했다. 6.25전쟁이 일어난 후 13년이 되는 해 한국의 의료사정은 이렇게 열악했다.
한 달 동안 시립아동병원에서 무의촌 인턴 수련 과정에서 진료를 하는 동안 소아 사망진단을 했던 총 건수는, 약 50여 년 의사로서의 삶 동안 내 환자가 사망했다고 진단을 내렸던 총 6건(미국)에 비하면 상상할 수 없이 많았다.
서울시립병원에서 인턴 수련을 할 때, 일생동안 잊을 수 없는 어린이 사망 진단을 내렸던 것이 생각난다.
고칠 수 없는 만성 신부전증의 말기에 있는 7세 남아의 사망을 진단했다.
하루는 간호사가 "용철이가 죽을 것 같다"고 해서 입원실로 뛰어갔다. 혈압이 180/120이었고 맥박이 분당 40, 숨을 1분 동안 열 번 정도 쉬고, 얼굴은 창백했다. 우리 모두가 산소호흡도 시키지 않고 혈관주사도 주지 않고 심폐소생술도 하지 않고 모두 죽을 때를 기다리고 있었다.
그 아이 옆에는 엄마가 아들 용철이의 손을 붙들고 눈물을 펑펑 흘렸다.
'네가 동대문 시장에서 인절미 하나 먹고 싶다고 졸랐지만 돈이 없어 사주지 못 했다. 그 추운 겨울에도 양말 한 쪽도 신기지 못하고 맨발로 걷게 하고, 홑바지에 저고리만 입힌 이 어미를 두고 너만 혼자 가느냐, 용철아, 내가 먼저 가야지 왜 네가 먼저 간단 말이냐 말도 안 된다. 제발 저 천당에 가서 편안히 쉬어라. 나도 가서 만나줄게.'
용철이의 맥박을 재고 있는 내 손이 떨리고 눈앞이 캄캄해 졌다.

더 이상 맥을 짚을 수가 없었다. 용철이의 손에 혈액이 순환되지 않았다. 나도 정신이 핑 돌았다.
그 아이의 동공은 확대되어 있고 손은 싸늘해졌다.
이 글을 쓰는 동안 그때 겪었던 나의 진료경험은 어찌 잊을 수 있으랴.
당시 의술로도, 돈으로도 고칠 수 없는 만성 신부전증 등 불치병을 앓는 소아 환자들이 이렇게 세상을 떠났다.
그들에게는 사랑, 소망, 믿음도 없었다.

무의촌 의료봉사 중 사랑하는 춘자 만나 결혼

결혼식 사진

나이아가라폭포를 구경하는 우리가족

고희가 된 지금도 사랑하는 나와 아내

군의관 중위로 근무, 명예 제대

청춘 의사 대한민국 육군 군의관 중위로 3년 간 군복무 군 입대, 군의관 후보생 훈련, 수도사단 의무실 군의관 근무 2년간 무의촌 봉사를 하던 마지막 해, 사랑하는 아내 춘자와 결혼했다.

나에게는 둘도 없는 행운이었다.

결혼한 후, 연세대학교 의과대학 세브란스병원 정형외과 1년차 레지던트 수련의로 선정됐다.

레지던트 수련 첫 달에 예기치 않게 육군 입대 영장을 받았다. 연세대학교 레지던트 수련 중에는 병력법에 의해 군에 징집되지 않도록 되어 있는데 왜 영장이 나왔는지 당황했다.

결혼도 했는데 영장이 나왔고…이러지도 저러지도 못하는 신세가 되었다.

우울하기 짝이 없었다.
하지만 흙수저계층에게 생기는 보통의 일들이다.
아무도 이 문제를 해결해 주는 사람이 없었다.
할 수 없이 징병되어 대구 군의훈련학교에 입대한 후 거기서 정규 군의관 훈련을 무사히 마치고 육군 중위로 임명되었다.
그 후 바로 제1군 사령부 명에 의해 수도사단 의무실에 배속되었다.

군의관 후보생으로 군의학교에서 훈련 받을 때

제42기 군의관 후보생 수료기념

사실 나는 군생활이 싫었다. 나뿐 아니라 대한민국 청년 모두가 그럴 것이다. 어떤 사람들은 장교이면서 의사면 가장 적절한 신랑감이 될 수 있다고 하지만 나는 이미 기혼자였다.
남녀평등이라고 외치면서 왜 여성들은 군에 입대할 의무가 없는지, 합리적이 아닌 법이라고 생각했다.
하지만 달리 생각해보면, 나처럼 재학 중 국가에서 등록금을 지원받아 의대를 졸업한 후 무의촌에 가서 의료 봉사를 하게 해 준 국가에 천번 만번 감사해야 한다는 생각도 했다.

소위 금수저 자녀들은 의과대학을 졸업한 후, 그들이 원하는 각종 전문 의학분야로 바로 돌진했다.

내가 무의촌 의료봉사 2년 복무, 군의관 3년을 복무하고 미국 병원에 소아 청소년과 레지던트 수련을 받으러 갔더니 의과대학 동기인 여의사가 나보다 5년 먼저 미국으로 와 인턴, 레지던트 수련을 마치고 나를 가르치는 위치에 있었다.

어떻게 생각하면 너무도 불공평했다.

군의관 복무 3년, 무의촌 의료 봉사를 2년간 하면서 국가를 위해 몸과 마음과 청춘을 받쳤다. 하지만…

'So What'. 그래서 어쨌단 말인가?

그렇게 했다고 해서 국가는 내게 퇴직금도 한 푼 주지 않았고, 감사장 하나도 주지 않았다.

하지만 나는 내 조국, 대한민국을 사랑한다.

군 복무 중 두 아들을, 레지던트 수련 중 딸을 얻다

왼쪽부터 큰 아들 Bill(동형), 딸 Jeannie(진이), 둘째 아들 Joe(건형)

나는 Bill(동형), Joe(건형) 두 아들과 딸 Jeannie(진이)에게 항상 감사한다.

육군 군의관 중위로 1군단에서 근무할 때 가평 단칸방에서 자연분만으로 동형이가 태어났다.

원래 서울 연세대학교 의과대학 산부인과 교실 이은숙 교수가 임신 분만 출산을 도와주기로 했으나 진통이 갑자기 시작됐다. 서울까지 갈 여유가 없어서 결국 내가 산부인과 전문의 역할과 내 첫째 아들 소아 신생아과 전문의 역할을 담당했다.

돌이켜 보면 얼마나 위험한 의사 노릇을 했는지…

그래도 임신, 분만, 출산, 그 모든 것이 순탄히 진행되었다.

머리, 눈, 코, 입, 귀, 목, 배, 심장, 폐, 남성 생식기와 음낭 속 고환 두개, 팔, 다리, 손가락 열게, 발가락 열 개 모두 정상이었다. 게다가 2개의 탯줄 동맥과 한 개의 탯줄 정맥이 탯줄 속에 정상적으로 있었다. 아프가 총점도 10점이었다.

하나님께 감사드렸다.

큰 아들은 건강하고 행복하게 자랐다. 400여 명 졸업반 학생이 있는 Windham Kramer 중학교를 1등으로 졸업하고, 고등학교 때도 과학은 1등, 전 과목은 2등으로 졸업했다.

이처럼 큰 아들은 수재로 입소문이 자자했다.

전기, 토목, 건축, 컴퓨터, 자동차 수리, 넷 워크 등 다방면 소질이 많은 젊은이다. 부모를 공경하고 형제들을 사랑하고 열심히 일하면서 사는 젊은이다. 자랑하고 싶다.

부산 해운대에서 군 복무를 할 때 둘째 아들 건형이가 태어났다.

난산으로 부산 일신산부인과병원에서 제왕절개수술을 했다.

그해 7월 1일, 나는 육군 군의관 중위로 3년 동안 성실히 근무하고 제대한 후, 미국으로 가서 인턴 레지던트 수련을 받으려고 준비 중이었다.

불행히도 김신조 이북 역도가 청와대 근방까지 침입하는 바람에 군 복무 기간이 늘어나 예정했던 대로 제대를 하지 못할 뻔했다.

나는 ㅇㅇㅇ탄약창 의무실과 ㅇㅇ탄약창 사령부 의무실, 두 곳에서 동시에 근무했다. 그래서 매주 부산과 김천을 왕래하면서 근무했는데 특별 수당이라고는 없었다. 지금은 상상도 못할 일이다.

둘째 아들을 임신 중, 아내는 부산 모 산부인과에서 임신 건강관리를 주기적으로 받았다.

ㅇㅇ탄약창 사령부 의무실에서 근무하고 있던 3월 21일 아침에 진통이 온다는 아내의 전화를 받았다. 여러가지 이유로 당장 가서 도와 줄 수가 없었는데, 얼마 후 다시 전화가 왔다.

자연분만을 할 수 없다며 산부인과 의사가 태아를 칼로 잘라내야 한다고 울면서 전화가 왔다.

그 후 바로 우리 아버지께서 아내를 앰뷸런스로 부산 일신산부인과로 옮겼고 응급 제왕절개수술로 둘째 아들 건형이가 탄생했다.

제왕절개 분만을 하기 전, 의사가 내진하는 동안 아기 얼굴에 많은 상처가 생겼다. 태어나는 태아의 얼굴이 산도 속으로 제일 먼저 나왔기 때문에 난산이 되었던 것이다.

일신 산부인과병원 신생아실에 여러 신생아들이 입원해 있었다.

좁은 신생아실에 거의 10여 명의 신생아들이 차곡차곡 나란히 누워 있었다. 건형이는 그들 중 훨씬 더 커보였다. 출생체중이 8파운드 8온스였다. 힘들게 태어났지만 건강한 건형이를 보자 눈물이 앞을 가렸다. 신생아실에 누워있는 사랑하는 내 아들 건형이를 눈으로만 보고 눈으로만 사랑하고 마음으로 사랑할 수밖에 없었다.

나는 다시 군복무를 하러 ㅇㅇ사령부 의무실로 돌아갔다.

둘째 아이가 병원에서 태어났을 때 생후 첫 1분 신생아 아프가 점수가 얼마였는지 모른다.

머리, 눈, 코, 입, 혀, 구개, 목, 가슴, 폐, 심장, 배. 성기, 항문, 팔, 다리, 손발 등 첫 신생아 검진 결과가 정상이었는지 말해 주는 의사가 없었고 원시반사 등이 정상이었는지 피부색은 정상이었는지 알려주지도 않았다.

나도, 아내도 진찰 결과를 알아보지도 못하고 추적(따라잡기) 신생아 검진, 영유아 정기 건강검진 및 예방접종, 모유수유에 대해서도 아무런 상담도 받지 못한 채 신생아를 안고 집으로 돌아왔다.

이렇게 태어난 건형이는 미국에서 University of Pennsylvania 화학과와 North Western 의과대학을 우수한 성적으로 졸업하고 Georgetown Medical School에서 내과학을 전공한 후 내과 전문의가 되었다. 둘째 또한 자랑스럽다.

나의 셋째 아이는 진이다. 얼굴도 예쁘고 상냥하고 검소하고 똑똑하고 노래, 피아노, 바이올린, 발레, 연극, 댄스, 그림, 수놓기, 글쓰기, 글짓기 등에 소질이 많다.

보스톤 대학에서 Marketing을 전공하고, 교육학 마스터 과정을 마치고 초등학교 교사로 있다가 지금은 두 자녀를 키우는 가정주부이자 조그마한 개인 비즈니스를 하고 있다.

무엇을 하든 최선을 다하고, 이웃과 남을 사랑하고, 조건 없이 남편과 자식들을 사랑하면서 열심히 진실하게 살라고 나는 항시 부탁했다.

소아가정간호백과 등 10가지 육아, 건강 증진, 소아청소년 질병의 진단 치료 예방 육아 백과 저서를 비롯해 www.koreapediatrics.

com-'부모도 반의사가 되어야한다' 웹소아 청소년과 등 소아 육아 저서에 있는 건강, 사랑 등 의료 영상 자료의 대부분은 딸 진이가 준비해 준 것이다.

진이의 도움 없이는 내가 육아용 저술활동을 할 수 없었을 것이다. 진이, 그리고 진이의 아들 Kai와 딸 Violet에게 감사한다.

제4장
미국에서 인턴·소아 청소년과학 레지던트 수련

제4장 미국에서 인턴 · 소아 청소년과학 레지던트 수련

미국 도착

　　1960년경에는 한국에서 미국으로 관광을 갈 수도 없었고 사업관계로 미국을 가는 것도 쉽지 않았다. 나처럼 의사로 의료 연수 교육을 받는 사람들도 극히 소수였다.

미국에서 인턴이나 레지던트 수련을 받으면서 미국 사람들을 진료하려면 ECFMG시험, 즉 외국인으로서 미국에서 환자를 진료할 수 있는 의사자격을 획득하는 시험에 합격해야 한다.

나는 육군 군의관으로 근무하던 마지막 해 미국 뉴잉글랜드에 있는 코네티컷주 Manchester 병원에서 인턴 수련을 받을 수 있다는 허가 편지를 받았다.

ECFMG 시험은 의과대학에서 배운 내과학, 외과학, 산부인과학, 소아 청소년과학 등 전 분야 의학과목 중에서 출제된 의사 자격시험과 미국에서 인턴이나 레지던트 수련을 받을 때 환자들이나 그 외 미국 사람들과 의사소통 할 수 있는 영어회화 능력과 영어 쓰기 능력, 그리고 영문 의학 교과서 등을 읽고 이해하는 능력 등 영어 실력을 알아보기 위한 시험, 이 두 가지로 나뉘었다.

다행히도 나는 의과대학교 4학년 재학 중 ECFMG 시험에 무난히 합격했다.

나는 돈 100불과 여권, 그리고 비자를 챙겨 김포공항에서 노스웨스트 여객기를 탔다. 생전 처음 타니 다른 세상에 사는 기분이었다.
김포 비행장에서 이륙하자마자 커피가 나왔다. 점심시간이 되어 기내에서 제공하는 양식과 베이컨이란 고기도 처음 먹었다.
반짝거리는 포크와 나이프로 양식을 생전 처음 먹었다. 그리고 커피를 또 마시고 차도 한 잔 마셨다. 그러면서 이렇게 마셔도 되는지 걱정도 해봤다. 문제는 화장실을 자주가야 했다.
태평양 항공을 날아 얼마 후 말로만 들었던 일본 오키나와 항공에 착륙했다. 공항 면세점에서 그렇게도 갖고 싶었던 미놀타 카메라 한 대를 40불을 샀다. 이제 내 주머니 속에는 전부 60불 밖에 없었다.
전 재산 60불을 가지고 미국 워싱턴주 시애틀 공항에 도착했다. 안면도 장등개 촌놈이 이렇게 해서 미국까지 왔는지…감개무량했다.

미국으로 가기 전, 가족과 함께 해운대 철도호텔 잔디밭에서

나의 부인과 두 아들이 같이 여기에 올 수 있었다면 얼마나 좋았을까.

잠시 후 그 비행기를 계속 타고 뉴욕 케네디 공항을 거쳐 코네티컷 주 브래들리 공항에 안착했다. 나는 맨체스터 병원에서 인턴 수련을 받기 시작했다.

미국 코네티컷 맨체스터 병원 도착

부모님이 살고 있는 동네를 돌아다니면서 몇 분 어른들께 미국에 간다고 인사했다.

어떤 어르신이 미국을 갔다가 언제 돌아오느냐고 물었다. 5년 후에 온다고 말했더니, 요즘 미국에 갔다가 돌아오는 사람이 어디 있느냐고 반문하기도 했다.

부산 해운대 ○○○ 탄약창 의무실 실장으로 군 복무를 할 때 약사인 부인이 경영했던 약국도 팔고, 결혼할 때 부인에게 주었던 다이아몬드 반지와 약혼반지도 파는 등 그 동안 모았던 돈을 전부 부모님께 드렸다.

박정희 정권 때는 국가의 달러 보유액이 아주 적었기 때문에 미국에 공부하러 가는 사람은 1인당 100불 이상 지참할 수 없는 것이 법이었다.

마지막으로 어머니와 아버지께도 인사를 드렸다.

아버지는 내가 동생들을 돌보면서 미국에 가지 않고 한국에서 살기를 원하셨다. 게다가 자부와 두 손자를 한국에 두고 미국에서 의학공부를 더 하겠다고 떠나는 아들이 한편으로는 밉기도 했었을 것이다. 의사가 없는 안면도 무의촌에서 약사인 자부는 약국을 차리고 의사인 아들은 병원을 차려 돈을 많이 벌면서 모두 같이 살면 얼마나 좋을까 속으로 그렇게 생각하시고 계셨을 것이다.

한편 나는 의사로서 생각하면 너무 아는 것이 없고 그렇게 의사 노릇을 하면 의료사고를 잘 낼 수 있을 뿐 아니라 남을 치료해주면서 나의 인술(仁術)을 베풀 수도 없다는 결론을 내렸다.

서울로 올라가서 대학 병원이나 큰 종합병원에서 어떤 의학 분야 레지던트를 3~4년 정도 한 후 개인 병원을 차릴까도 생각해봤다. 하지만 이것도 나름 인맥과 뒷배가 있어야 가능한 일이었다.

그 당시 일류 종합 병원에서 의학 전문 분야 레지던트를 하려면 든든한 뒷배나 돈이 있어야 했다.

또 한 가지 문제가 있었다. 그 당시 한국 내 레지던트 수련의의 월급은 겨우 쌀 몇 말 값 정도였다. 하루 24시간 동안 병원에서 진료해야 하고 한 달 30일, 1년 365일 동안 열심히 레지던트 수련을 받아야 하는데 비해 월급은 쥐꼬리만 했다.

한국에서 살면서, 좋은 의사로 또 좋은 인술을 베푸는 의사가 되려면 부모와 동생들을 돕고 두 아들과 부인을 먹여 살릴 수 있는 방법이 보이지 않았다.

미국에 가면 매달 100달러 정도를 아버지께 보낼 수 있고 나는 의학 공부를 더 많이 해 의과대학에서 후배양성을 할 수도 있고 고향에서 개인 병원을 차려 성공할 확률이 높다는 것으로 아버지를 이해시켰다.

말이 떨어지자마자 아버지는 마루에서 벌떡 일어나 그냥 걸어서 집 뒷산으로 올라가셨다.

아버지의 머릿속에는 오만가지 생각이 다 드셨으리라…

무거운 발길을 돌려 서산 처갓집에 들러 장모 장인님께 인사하고 부인과 두 아들을 데리고 바로 서울로 와, 나혼자 비행기를 타고 미국으로 갔다.

지금 생각하면 나는 참 불효자였다.

미국 Manchester 병원 인턴감독 DR. Duke의 비서 Mrs Malick(우), 나의 아내, 동형, 건형.

동형이와 건형이가 집 안에서 세발자전거를 타고 놀고 있다.

코네티컷 의대, 놀와크병원과 예일대 의대 소아 청소년과 레지던트 수련

　　나의 의과대학 동기 안병창 의학 박사의 도움으로 미 코네티컷주에 있는 맨체스터 병원의 인턴으로 가게 됐다.

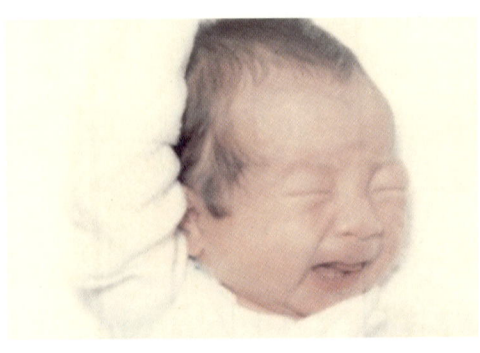 

뉴부리톤 병원에서 갓 태어난 진이. 미국 코네티컷대학교 의과대학 소아 청소년과 레지던트 수련을 받을 때 딸 진이가 태어났다. 하도 예뻐서 진이라고 이름을 지어줬다.

2개월 된 딸 진이가 방긋방긋 웃는 모습.

1968년 7월 1일, 한국군 군의관 중위로 명예 제대하고 부인과 두 아들, 그리고 부모형제들을 한국에 두고 7월 4일에 나 혼자 미국에 와서 코네티컷주 맨체스터 병원에서 인턴 수련을 받기 시작한 것이다. 받는 월급의 일부를 부모님께 보내고 일부는 부인과 아들 비행기 표값을 보냈다. 두 아들과 부인은 약 6개월 후에 미국으로 왔다.

나와 아내는 이 기회에 안병창 박사께 진심으로 감사를 전한다.

그럭저럭 맨체스터 인턴 수련을 무사히 마치고 코네티컷대학교 의과대학 소아 청소년과 1차 레지던트 수련의로 허가를 받아 2년 동안 소아 청소년과학 레지던트 수련을 받았다. 이런 기회를 얻은 것은 하나

폭스웨건을 처음 샀다. 건형, 동형, 진이, 아내와 함께.

님이 나에게 준 큰 선물이었다.

그해 코네티컷대학교 의과대학에 소아 청소년과가 새로 설립됐다.

소아 청소년과 교수진들 거의가 죤스 홉킨스 의과대학 소아 청소년과학 교실에 있던 교수들이었다.

나에게는 아주 오래 만에 찾아오는 행운이었다.

당시 코네티컷주 내 의과대학은 코네티컷대학교 의과대학과 예일 대학교 의과대학 두 개뿐이었다. 참고로 코네티컷주의 크기는 남한 크기만 하다.

코네티컷대학교 의과대학 병원은 하트포드시에 있었다. 이때 하트포드 병원, 세인트 프랜시스 병원, 뉴잉톤 소아 병원, 뉴 브리톤 병원 등 여러 종합 병원에서 소아 청소년과 레지던트 수련을 받았다.

코네티컷대학교 의과대학에서 소아 청소년과 레지던트 수련을 받을 때 얼마나 잘 교육 받았었는지 이루 말로 형용할 수 없었다.

예를 들면 레지던트 수련의에게 거의 모든 임상 검사를 임상 검사실에서 직접 하도록 가르쳤다. 임상 검사실에 소변 검사를 할 자료

코네티컷대학교 의과대학 소아 청소년과 레지던트 수련의들과 교수님들. 맨 뒷줄 가운데 안경 쓴 분이 소아 청소년과 주임교수 Milton Markowitz.

를 직접 가지고 가서 레지던트 수련의가 직접 소변 검사를 하고 그 결과를 당장 알아 환자의 병을 속히 잘 진단하고 필요에 따라 효과적으로 치료하라고 가르쳐 주었다.

그뿐만 아니다. 가슴 X선 검사 시, X선 검사 결과를 영상의학 전문의가 사진을 판독하기 전에 레지던트 수련의가 먼저 판독하도록 가르쳤다.

그 다음 X선 검사 사진을 영상의학 전문의와 같이 판독해서 나중에는 영상의학 전문의 보다 더 많이 아는 소아 청소년과 전문의가 되도록 독려했다. 합리적인 교육방침이었다.

납 중독에 걸린 소아 환자가 입원하면 소아 청소년과 레지던트 수련의가 그 환자의 집에 직접 방문, 그 집안 어디에 납 성분이 있는지 알아내기 위해 벽 페인트 조각을 조금 수집해 와서 임상검사실에서 결과를 확인하도록 했다. 그리고 집 이외 다른 곳의 납에 노출되어 납 중독에 걸렸는지 확인하라고 교육시켰다.

한 개의 약병에 들어 있는 10일분 가루 암피실인 항생제 등 냉장고 안에 보관해서 그 약을 10일 간 복용하라고 소아 환자에게 처방할 때, 약을 처방하는 레지던트 수련의는 그 약을 처방하기 전 환자의 집에 냉장고가 있는지부터 꼭 확인하라고 가르쳤다.

이러한 체계적인 교육으로, 소아 청소년과 레지던트 수련을 받던 2년차에 미국 소아 청소년과전문의 필기시험을 단 한 번에 거뜬히 합격했다.

영어도 잘못하고 빌빌거리던 이상원이가 2년차 소아 청소년과 레지던트 수련을 받던 중 미국 소아 청소년과전문의 자격 필기시험에 합격했다는 소문을 들은 류마티스 열(Rheumatic fever) 저자이자 소아 청소년과 주임교수 Dr. Milton Markowitz이 나를 불러 축하한다고 격려해 주었다.

미국 의과대학에서 공부한 소아 청소년과 레지던트들은 소아 청소년과 레지던트 수련을 2년 받은 후 본 미국 소아 청소년과전문 자격 필기시험에 합격률이 상당하였지만 외국 의과대학 출신이 미국 소아 청소년과전문의 자격 필기시험을 한 번 보고 합격하는 확률은 겨우 20~30% 정도였다.

철없던 나는 여기서 더 배울 것이 없다고 놀와크 병원과 예일대학교 의과대학 소아 청소년과에 가서 3년차 소아 청소년과 레지던트 수련을 더 받았다.

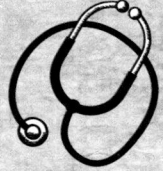

제5장
나의 활동과 저서

제5장 나의 활동과 저서

고국에 사랑재활원을 설립해 도와주고 싶다

　　우리 집안은 우환(憂患)이 깊었다.
어머니는 류마티스 심장병(Rheumatic heart disease)으로 대동맥 판막과 승모 판막이 다 망가진 심장병을 앓으면서 일생동안 고생하다가 1980년도 미국에서 별세하셨다.
내가 홍성중학교 다닐 때는 13세 사춘기 여동생이 병명도 모르고 수개월 동안 누워 앓다가 이 세상을 떠났다. 1968년 내가 미국으로 인턴 레지던트 의학 수련을 받으러 갈 때까지 안면도에는 의과대학에서 의학교육을 받은 의사가 하나도 없었다. 공의가 한 명 있었지만 그 사람은 의과대학을 다니지 않고도 의료 행위를 할 수 있는 공공 돌파리 의사였다.
서산군이나 홍성군에는 의과대학에 다니고 의사 면허증을 소지한 의사가 손가락을 꼽을 정도 였다. 의사면허 없는 돌파리 의사와 한의사들이 그 당시 여기저기에서 의료행위를 했었다.
의과대학에서 공부를 하고 의사가 되고 싶은 젊은이들이 많았음에도 불구하고 의사를 충분히 배출을 하지 않았다. 그때는 우리 집처럼 병이 나면 자신들이 스스로 그 병을 고치고 건강관리를 해야 했다. 미국에서는 의료 선교사를 한국에 보내서 그분들이 우리 조국에 의료 봉사를 하고 있는 때인데 말이다.
내 여동생도 진짜 의사의 치료를 한 번도 받지 못하고 수개월 앓다가 세상을 떠났다. 그 후 2~3년 뒤 9살 먹은 남동생이 병명도 모른 채 앓다가 이 세상을 떠났다.

내가 의사가 된 후 돌이켜보니, 남동생은 연쇄상 구균 편도선염을 앓다가 급성 류머티스 열로 생긴 심장병으로 죽은 듯하다. 너무 슬프고 아픈 과거다.

나의 사춘기 이전과 사춘기 동안 있었던 집안의 우환으로 우울증 증상이 나의 세포 하나하나에 있는 핵에 붙어 다녔다. 내가 우울증에 걸려 있다는 것을 누가 알았겠는가.

두 동생의 사망으로 어머니와 아버지는 물론이고 집안 식구 모두에게 경제적 · 정신적 · 감정적으로 부정적인 영향을 미쳤다. 하지만 가족 이외 다른 누구에게도 가슴을 활짝 열어 놓고 도움을 구하지 못했다.

하긴 그때 우리를 도와 줄 수 있는 일반 의사나 정신과 의사, 임상 심리사 또는 카운슬러가 우리나라에 있었는지도 모르고, 설령 있었다 해도 그들로부터 정신 심리 치료를 받는다는 것은 하늘에서 별 따기보다 더 어려웠을 것이다. 할 수 없이 가정의 기능이 무너지기 시작했다.

그 후 또 다른 남동생이 바이러스성 뇌염(?)으로 4일간 혼수상태에 빠져 앓다가 깨어났다. 그 동생은 이후 간질(뇌전증)병을 앓으면서도 홍성고등학교를 졸업했다. 세브란스 병원에서도 치료 받았으나 결국 간질 발작으로 젊은 나이에 요절했다.

정말로 누구를 원망해야 할지 몰랐다.

우리 가족에게 온 우환뿐만 아니라 사랑하는 어린 동생들의 죽음은 나를 조용히 변화시키고 있었다. 그리고 그때 내 가슴에 분명한 결심이 섰다.

또한 미국에서 소아 청소년과 전문의 자격을 취득한 후 고국으로 돌아가 저능아, 육체적 · 정신적 불구아, 가난해서 치료 받지 못하는 아이들, 부모로부터 버림받은 고아 등을 보호할 수 있는 '사랑재활원'을 운영하고 싶었다.
이를 위해 지능 저능아, 육체 불구자, 정신적 불구자 등을 장기간 수용하고 치료해 주는 코네티컷주 Southberry training school, Mansfield training School과 뉴욕주 Newark training school에서 5년 동안 진료하기도 했다.

예일대학교 의과대학 소아 청소년과는 각종 소아 질병 종합 치료 클리닉을 운영했다.
예를 들면, 선천적 구개 파열이 있는 아이가 그 클리닉에 오면 일반 치과전문의, 소아 정형치과 전문의, 성형수술 전문의, 이비인후과 전문의, 일반 소아 청소년과 전문의, 유전 전문의, 사회사업 전문가 등이 그날 한자리에서 함께 아이의 선천적 구개 파열을 치료해 주는 방식이다.
한국에서 온 내게 이러한 클리닉은 그야말로 의료의 천국이라는 생각이 들었다.
돈 한 푼도 없는데도 친절하고 상세하게 4살짜리 아이를 먼저 치료해 주면서 아이와 부모가 안심할 수 있도록 꼭 안아 주고 사랑으로 치료를 해 주는 것을 봤다. 이를 보고 나는 더 나은 치료를 해줘야겠다고 결심했고, 이를 하나씩 실천했다.
장기적으로는 고국에서 지능 저능아, 육체 불구자, 정신적 불구자들을 장기간 보호할 수 있는 사랑재활원을 설립해서 한국에서도 이런 진료를 해주고 싶었다.
나의 은사이고 연세대학교 의과대학 소아 청소년과 교실 주임교수인 윤덕진 교수님께 편지로 이런 나의 의사를 전달했더니 고국에 오라는 답신을 받았다. 하지만 여러 가지 이유로 내 꿈은 아직 이루어지지 않았다.

하지만 어떤 방법으로든 나는 그 꿈을 향해 가고 싶었고, 환자들에게 조금이라도 도움을 줄 수 있는 저서를 내놓기 시작했다.

우리 부모님과 전 가족이 뇌전증을 앓는 동생을 제대로 간호하고 치료할 수 없었다. 이 얼마나 불행한 일이었는지… 우리 가정이 겪었던 뇌전증 환자를 치료하는데 도움을 주기 위해 2015년 '소아청소년 뇌전증(간질)+뇌전증 백문 백답'을 출간했다.

통계상, 한국에는 50만 명의 뇌전증 환자들이 있다.

이 책이 그들의 아픔을 조금이라도 어루만져 주기를 바라는 마음이다.

나와 핵의학 권위자 박희명 교수, 영상의학 전문의 김창만 박사.

소아가정의학 백과 출판기념회 1988년 8월 27일. (우리 집 뒤 뜰에서)

소아가정의학 백과 출판기념회

소아가정의학 백과 출판기념회.
왼쪽부터 딸 진이, 소아가정간호의학 백과를 한 손으로 들고 소녀를 안고 있는 나.
우리 집(99 Pigeon Rd Willimantic Ct USA)에서 출판기념회가 있었다.

소아가정의학 백과 출판기념회에 참석한 코네티컷대학교 의과대학 소아 청소년과 교실 주임교수 Milton Markowitz, M.D. 밀톤 말코위치 교수는 류마티열 권위자이고 류마티열 (Reumtic fever) 저자.

인술포시(仁術布施)휘호,
일도 김태수 박사(맨 오른쪽)로부터 받은 휘호
소아가정의학 백과 출판기념회에서

일도 김태수 박사

Keeping Secrets의 저자, 배우 Suzanne Somers와 나

소아가정의학 백과 출판기념회에 참석한 Jennifer와
그 소녀의 어머니

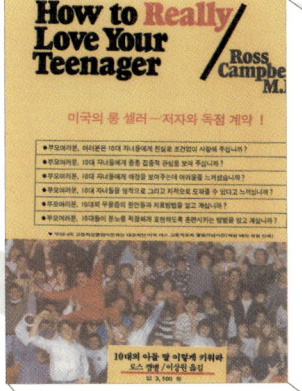

세계 명작 How to really love your teenager
10대의 아들 딸 이렇게 키워라, 이상원 역 서문당 출간

연세대학교 의과대학 전 소아 청소년과교실 주임교수,
전 대한소아 청소년과 학회회장 김길영 교수(좌).
연세대학교 의과대학 전 소아 청소년과 교실 주임교수,
전 대한 소아 청소년과학회회장 김병길 교수(우), 나의 아내(가운데).

나의 소아 청소년과 진료소에서

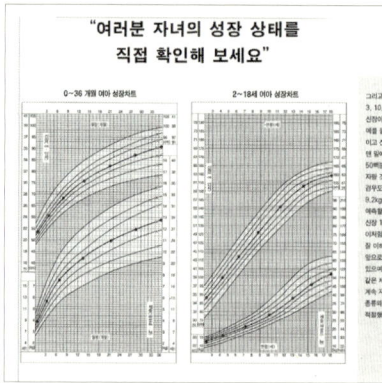
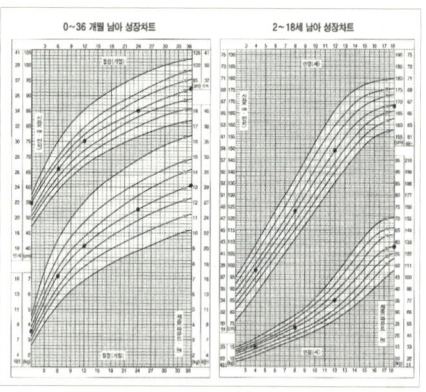

한국 여아 소아청소년의 성장 차트, 이상원 저

한국 남아 소아청소년의 성장 차트, 이상원 저

인디아나대학교 의과대학 핵의학 교수 박희명 박사와 나.

'소아가정간호백과 부모도 반의사가 되어야 한다'의 특징과 내용

'소아가정간호백과 부모도 반의사가 되어야 한다' 1~21장의 차례

'소아가정간호백과 부모도 반의사가 되어야 한다' 출판기념회

'소아가정간호백과 부모도 반의사가 되어야 한다' 출판기념회에서 축사를 한 연세대학교 의과대학 교수 김성덕 의학박사, 안과원장

'소아가정간호백과 부모도 반의사가 되어야 한다' 출판기념회 사회를 맡아주신 연세대학교 의과대학 정형외과교실 전 주임교수, 대한민국 정형외과학회 전 총회장 강응식 의학박사.

'소아가정간호백과 부모도 반의사가 되어야 한다'
출판기념회
연세대학교 의과대학 소아 청소년과교실 전 주임교수 및
전 대한민국 소아 청소년과학회 회장 윤덕진 박사.

'소아가정간호백과 부모도 반의사가 되어야 한다'
출판기념회
축배를 권하는 연세대학교 의과대학 정형외과교실 전 주임
교수 및 전 대한민국 정형외과학회 회장 정인희 교수.

'소아가정간호백과 부모도 반의사가 되어야 한다'
출판기념회에 온 가수 김국환.

'소아가정간호백과 부모도 반의사가 되어야 한다'
출판기념회에 온 개그맨 엄용수.

안중공립국민학교, 홍성중·고등학교를 다닐 때 같은 학
년에서 공부하고 3년 동안 같이 하숙생활을 했던 죽마지
우 고수창 극동정유 전 사장.

큰 고모의 손자, 내종 사촌 문관호 형님의 장남. 문승남
원장.

'소아가정간호백과 부모도 반의사가 되어야 한다' 출판기념회에서 인사

왼쪽부터 연세대학교 의과대학 소아 청소년과학교실 전 주임 교수 김길영 박사, 그리고 소과학교실 주임교수 김병길 교수.

연세대학교 의과대학 신경외과교실 전주임교수 이규창 의학박사 내외(중앙). 세브란스병원 전 건강 증진센터 원장 오재준 교수. 미국 내과전문의 내외(오른쪽)

소아가정간호 백과 출판기념식에 참석한 은사님. 왼쪽부터 정형외과학 교실 전 주임교수 정인희 은사님, 연세대학교 전 총장, 의과대학 약리학교실 주임교수 이우주 은사님

출판기년회에 참석한 저자의 가족
좌로부터 맨 왼쪽 내종 사촌 누나 인옥, 가장 가운데 아버지의 여동생, 막내 고모, 가장 오른쪽 내종 사촌 문관호 형님과 형수님. 막내 고모(중앙)의 바로 뒤 웃는 여성은 딸 진이.

왼쪽 나의 동생 상률, 가운데 막내 고모, 오른쪽은 아내

큰 고모의 둘째 아들 문관호, 내종 사촌형님과 형수님.

왼쪽 내종 사촌 여동생, 나, 막내 고모, 딸 진이 그리고 아내.

홍성중고등학교 동기동창 이찬학 학형과 최종현 학형.

전 청주지방법원 판사 박상기 변호사, 대한민국 국회부의장 조부영, 전 극동정유 사장 고수창, 김성진 장군, 그리고 홍성중고등학교 동기 동창들.

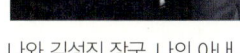

나와 김성진 장군, 나의 아내.

조부영 전 대한민국 국회 부의장과 사모님

왼쪽부터 전 뉴욕 총영사 이현홍, 연세대학교 의대 소아 청소년과학교실 전 주임교수 윤덕진 은사님.

왼쪽으로부터 세번째 아동문학작가, 대전일보 기자, 한서대학교 교수, 전 서산시 시장인 조규선.

내종 육촌 박용신 형님

막내 고모와 고모 딸, 내종 사촌 여동생과 나

나의 막내 이모.

임신에서 신생아 돌보기까지 (300p, 1998년 청문각 출간)

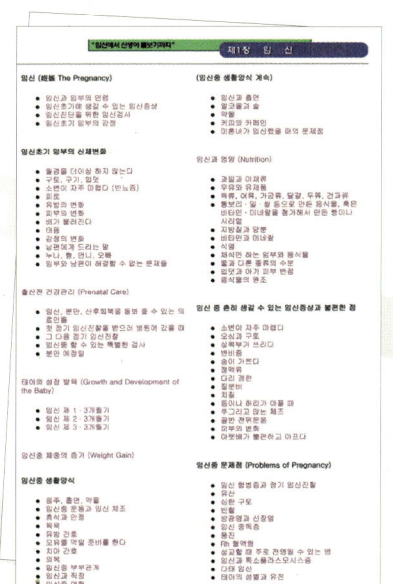
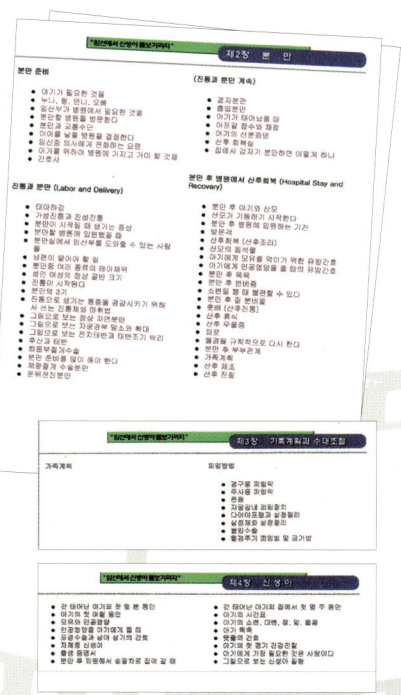

제5장 저서 • 167

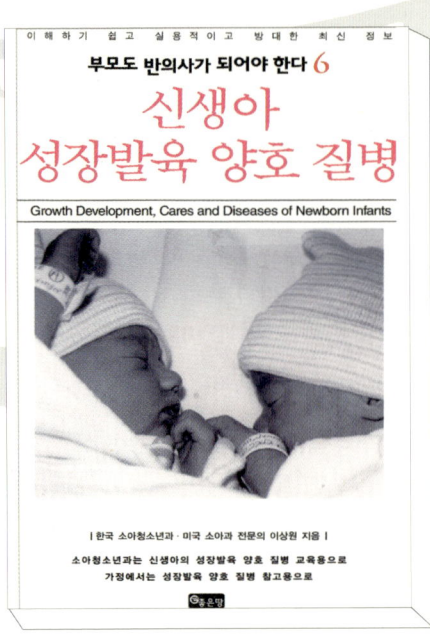

신생아 성장발육 양호 질병(610p, 좋은 땅 2014년 출간)

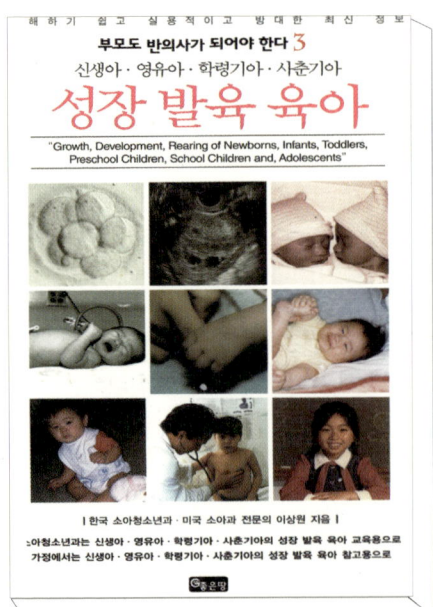

신생아 영유아 학령기아 사춘기아 성장발육 육아(623p, 2014년 좋은땅 출간)

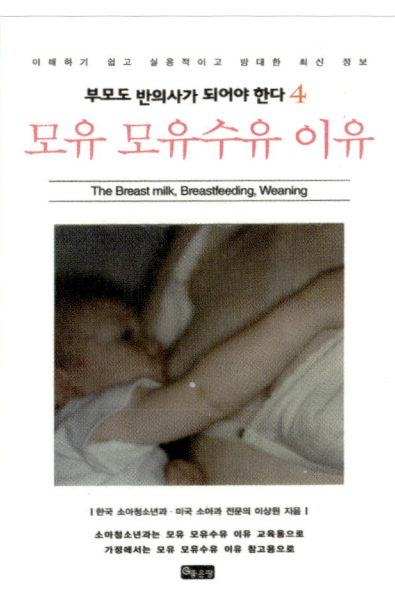

모유 모유수유 이유(308p, 2014년 좋은땅 출간)

소아청소년 뇌전증(간질)+뇌전증 백문백답(240p, 2015년 좋은땅 출간)

'아들 딸 조건없는 진정한 사랑으로 키우세요, 그리고 인성교육은 이렇게' (647p, 2016년 양서각 출간)

호서대학교에서 세미나를 한 뒤 아내와.

호서대학교 이통진 교수와 나.

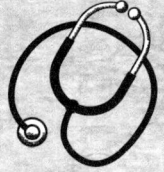

제6장
웹 소아 청소년과 "부모도 반의사가 되어야 한다"

제6장 웹 소아 청소년과 "부모도 반의사가 되어야 한다"

지난 2003년부터 2013년까지 10여 년 동안 전 세계 8,000만 명 한인들에게 무료로 공개했던 『부모도 반의사가 되어야 한다(소아가정간호 백과)』와 새로 제작한 각종 소아 청소년과 분야를 총 25권으로 분류해 웹 소아 청소년과 '부모도 반의사가 되어야 한다 www.koreapediatrics.com'을 출시했다. www.koreapediatrics.

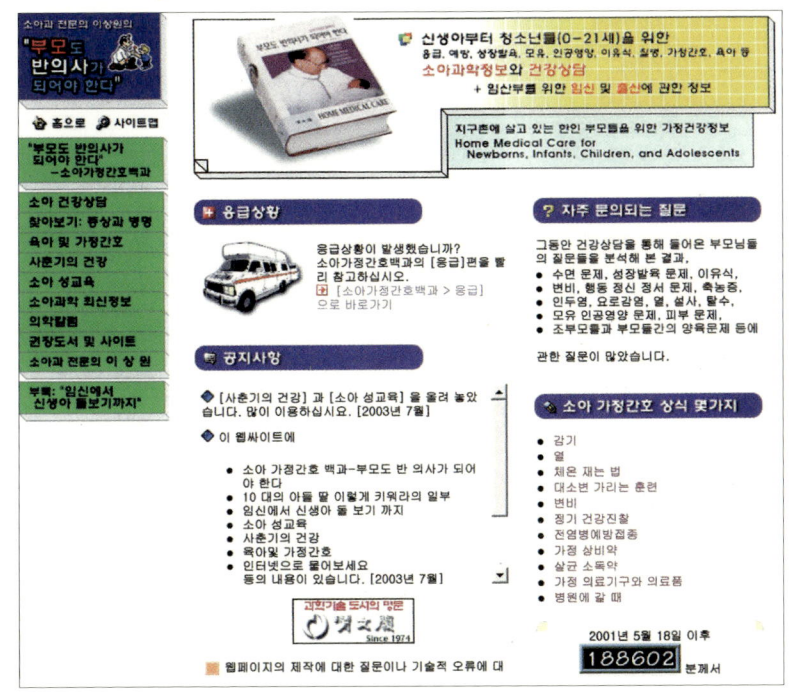

http://my.dreamwiz.com/drslee 드림위즈 부모도 반의사가 되어야 한다 의학서비스 오픈

의사나 간호사 등 의료인들만 소아들의 건강관리를 증진시키고 질병의 진단과 치료, 예방했던 때는 오래전 일이다. 특히 자라는 소아청소년 자녀를 둔 부모나 보호자들은 의료인들과 다 같이 사이버시대 의료 진료 방식을 알아야 한다.

이 웹 소아 청소년과는 세계 8,000만 명의 한인들이 언제 어디서든지 소아청소년 자녀들의 건강, 양육, 질병의 정의, 원인, 증상, 징후, 진단, 치료, 예방, 자녀사랑, 수면 등에 관한 자녀 양육 참고용 바이블이 될 것이다.

태어나서부터 영유아기·학령기·사춘기를 거쳐 성년기로 접어드는 약 18~21여 년 동안 소아청소년 자녀들을 건강하고 행복하게 양육하려는 부모의 마음은 누구나 똑같다. 자녀들에게 난병을 조기에 적절히 진단치료하고, 안전사고나 질병이 생기지 않게 예방하기를 바란다.

부모, 보호자, 의사, 간호사, 의료 보조원, 국가와 사회는 소아청소년 아이들을 건강하고 행복하게 양육하는 하나의 팀이고 이들은 팀의 기본 멤버들이다. 그 중 부모나 보호자는 최우선적 책임이 있는 주 멤버이다. 이들이 건강에 대한 기본지식이 바르게 정립되어 있어야 자녀가 건강하게 자랄 수 있다.

소아청소년 자녀를 잘 양육하는 방법, 건강증진방법, 자녀를 올바르게 사랑하는 법은 동서양이 따로 없다. 지구촌 동서남북 어디서 살든지, 성별, 나이, 인종, 빈부, 지식 등에 관계없이 모든 소아청소년 자녀들에게 생긴 질병을 적절히 진단 치료해주고 질병과 안전사고 예방을 잘 해주어야 한다.

자녀를 더 건강하고 더 행복하게 육아하는 법, 건강증진방법, 건전한 덕육 체육 지육을 지닌 성인으로 자랄 수 있도록 부모들은 평소에도 꾸준히 자녀 양육 공부를 해야 한다.

요즘 대부분 부모들은 인터넷, TV, 신문, 각종 미디어, 의학 교과서와 참고서, 세미나 등에서 자녀 양육 건강 의료정보를 얻을 수 있다. 그러나 정보의 일부는 너무 전문적이고 학술적이고 전혀 실용성이 없다. 어떤 정보는 시대에 뒤떨어지고 이용하면 유해할 수 있고 자녀 양육하는 부모들을 혼동시킬 수도 있다.

그래서, 나는 이해하기 쉽고 믿을 수 있고 실용성 있고 자녀들을 옳게 양육하고 건강 증진에 필요한 정보가 담겨 있고, 질병과 안전사고 예방을 하는데 참고할 수 있는『부모도 반의사가 되어야 한다』웹 사이트를 2001년부터 지금까지 전 세계 한인들에게 무료로 공개하고 있다.

소아청소년기의 자녀가 의사의 진료 받을 때 여러 가지 이유로 시간제한을 받을 때가 많은데 이로 인해 진료에 문제가 생길 수 있다. 부모나 보호자가 진료해주는 의사 사이에 의사소통이 잘 되면 진료 시간이 짧아지고 진료비도 절약해 질병 치료가 더 잘 될 수 있다.

부모들이 자녀 양육 지식과 소아 청소년과학 지식이 더 많을수록 부모들과 의사들 간에 의사소통을 더 잘 할 수 있다.

부모나 보호자들은 개인병원이나 종합병원에서 자녀 질병을 진료 받으면 환자들에게 제공한 진단 치료 정보의 50%를 병원의 출입구를 나오자마자 잊어버린다고 한다. 시간이 점점 더 지날수록 진료 당시 얻은 정보를 자연적으로 점점 더 잊어버리게 된다. 특히 소아청소년 자녀가 위중한 질병으로 진단 치료 받을 때 부모들은 의사가 지시한 정보를 부모들은 더 쉽고 빨리 잊어버린다고 한다.

자녀들의 질병을 동네 소아 청소년과병원 등에서 약 10~30분 동안 진단 치료받은 후 의사로부터 받은 치료법에 따라 그날 하루 24시간 중 23시간 동안은 가정에서 부모들이 따라잡기 치료를 해야 한다. 질병에 따라 다르겠지만, 보통은 그 다음 1~2주 동안 부모가 의사의 지시에 따라 가정에서 따라잡기 치료를 해야 한다.

이런 식으로 소아청소년 자녀가 병원이나 가정에서 치료 받는 동안 생길 수 있는 문제점을 그때그때 보완하고 대처 할 수 있어야 하기에 한글 육아 건강관리 지침서나 웹 소아 청소년과가 꼭 필요하다고 생각했다.

소아청소년 육아 건강관리를 최상으로 잘 할 수 있는 참고용 지침서는 그렇게 많지 않다. 저자는 50여 년 동안 직·898899간접적으로 소아청소년을 일선에서 진료한 경험과 많은 소아 청소년과학 참고서 자료, 소아 청소년과학 연수 교육, 부모와 보호자들로부터 배운 소아 청소년과학 지식 등을 총망라해 거의 2만 페이지 분량의 『부모도 반의사가 되어야 한다(소아가정간호백과)-www.koreapediatrics.com』을 2013년에 내놓았다. 소아가정 간호백과에는 소아청소년 응급의료 등 총 25종류의 소아 청소년과학 분야와 '임신 분만 신생아 돌보기'로 나누어져 있다.

소아가정 간호백과 이외『부모도 반의사가 되어야 한다-www.koreapediatrics.com』소아 청소년과학 웹사이트에는 다음과 같은 메뉴가 있다.

(1) 증상 징후 병명으로 찾아보기
(2) 인터넷으로 물어보기(온라인 질의응답), 백문 백답, 흔한 질의응답
(3) 사진 그림 도표
(4) 소아 청소년과학 사전-영한 소아 청소년과학 사전, 한글 소아 청소년과학 사전
(5) 소아 청소년과학 뉴스
(6) 저자

『부모도 반의사가 되어야 한다(소아가정간호 백과) www.korea-pediatrics.com에는 다음과 같이 총 24권과 25권 임신 분만 신생아 돌보기가 수록되어 있다.
제1권 소아청소년 응급의료
제2권 소아청소년 질병 사고 예방

제3권 신생아, 영유아, 학령기 사춘기 아이들의 성장 발육, 육아
제4권 모유, 모유수유, 이유
제5권 인공영양, 이유, 우유, 비타민, 미네랄, 단백질, 탄수화물, 지방
제6권 신생아 성장 발육, 양호, 질병
제7권 소아청소년 감염병
제8권 소아청소년 호흡기 질환
제9권 소아청소년 소화기 질환
제10권 소아청소년 신장 비뇨기계 생식기계 질환
제11권 소아청소년 심혈관계 질환
제12권 소아청소년 신경 정신 정서 행동 수면 문제
제13권 소아청소년 혈액, 림프, 종양 질환
제14권 소아청소년 내분비 대사, 유전, 희귀병
제15권 소아청소년 알레르기 및 자가 면역 질환
제16권 소아청소년 정형외과 질환
제17권 소아청소년 피부 질환
제18권 소아청소년 이비인후과 질환
제19권 소아청소년 안과 질환
제20권 소아청소년 치아 구강 질환
제21권 소아청소년 가정, 학교 간호
제22권 아들 딸 이렇게 키우세요
제23권 사춘기 아이들의 성장 발육 질환
제24권 소아청소년 성교육
제25권 임신 분만 신생아 돌보기

이 웹사이트 정보의 일부는 다소 전문적인 면도 있다. 때로는 이 웹사이트 정보 이외에 더 많은 정보가 필요할 수도 있다. 거의 모든 참고 지침서가 그렇듯이 『부모도 반의사가 되어야 한다(소아가정간호 백과)-www.koreapediatrics.com』은 앞으로 계속 수정 보완할 필요가 있다.

이 웹사이트의 모델이 되어 주신 분들과 "소아청소년 인터넷으로 물어 보세요"에 참여해 주신 분들께 감사드리고, 특히 이 웹사이트를 제작 해주신 정한웅 선생님께 진심으로 감사드린다.

제16권 소아청소년 정형외과 질환을 감수해 주신 강응식 교수님, 제18권 소아청소년 이비인후과를 감수해 주신 홍원표 교수님께도 심심한 감사를 표한다.

이북에 있는 우리 동포들도 『부모도 반의사가 되어야 한다-www.koreapediatrics.com』을 이용해 자녀양육에 많은 도움을 받았으면 하는 바람이다.

제7장
이순, 고희, 산수도 지나고

 제7장 이순, 고희, 산수도 지나고

의사의 종류

의사의 종류는 시대에 따라 달라진다. 병만 치료하는 의사를 '치병의사' 또는 '소의'라 하고, 병도 치료하고 사람도 치료하는 의사를 '중의', 병과 사람, 나라도 치료하고 병을 예방하는 의사를 '대의'라고 했다. 즉 소의, 중의, 대의로 의사를 분류한 것이다.

요즘은 여러 종류의 의학 분야에서 어떤 전공을 했느냐에 따라 여러 종류의 의사로 분류한다.

의학의 여러 분야 중 전공에 따라 내과전문의, 외과전문의, 산부인과 전문의, 소아(소아청소년)과전문의, 정형외과전문의, 정신과전문의, 피부과전문의, 이비인후과전문의, 비뇨기과전문의, 위장내과전문의, 심장혈관전문의 등 여러 종류의 전문의(의사)로 분류할 수 있다.

내과전문 의사들 중 소화기과, 순환기과, 호흡기과, 내분비 대사과, 신장과, 혈액종양과, 감염과, 알레르기 면역과, 류마티스과, 중환자의학과, 노년과 등 더 특별히 더 전문하는 의사들을 내과 특수과 전문의사라고 할 수 있고, 소아청소년과 전문의사들 중 소아청소년 감염, 소아청소년 내분비, 소아청소년 소화기영양, 소아청소년 신경, 신생아, 소아청소년 신장, 소아청소년 심장과 혈관, 소아청소년 알레르기와 면역, 소아청소년 호흡기, 소아청소년 혈액종양과 등을 특별히 더 전문하는 소아청소년과 특수 전문의사라고 할 수 있다.

그리고 신경과, 정신건강의학과(정신과), 재활의학과, 피부과, 비뇨기과, 산부인과, 성형외과, 신경외과, 안과, 간담췌장외과, 대장항문외과, 소아외과, 위장관외과, 유방질환 외과, 외상외과 등 여러 종류의 전문의가 있다.

이비인후과, 정형외과, 흉부외과, 마취통증의학과, 방사선종양학과, 영상의학과(진단방사선과), 응급의학과, 직업환경의학과(산업의학과), 진단검사의학과(임상병리과), 병리과(해부병리과) 법의학과, 핵의학과, 예방의학과 등 여러 학과를 전공하는 의사가 있다. 대개의 경우, 소아들(태아기부터 21세까지)에게 건강문제나 어떤 병이 있으면 우선 단골 소아청소년과 전문의나 가정의학전문의로부터 최초 검진진단 치료를 받는 것이 이상적이다.

나는 나의 조국을 사랑한다

　　나는 사랑하는 조국을 위해 부모를 섬기고 학교에서 열심히 공부하고 의과대학으로 진학해서 무의촌에서 2년 동안 가난한 사람들을 사랑으로 진료해 주었다.

서산보건소 무의촌 의료 봉사를 하던 중 초산 분만부가 분만할 때 하루종일 도와주기도 했고, 아기를 낳은 후 내 호주머니를 털어 차를 태워 집으로 보내주고 미역을 사주기도 했다. 그렇게 무의촌 2년 의료 봉사 생활을 한 후 모교인 연세대학 대학병원 정형외과에 1년차 레지던트 수련을 받다가 육군에 징집되어 3년간 군의관으로 군복무를 마쳤다.

군의관 복무 중 어머니가 혼수상태 빠져있다는 연락을 받고, 하루 이틀 휴가를 달라고 해도 나의 상관은 허락하지 않았다. 지금 생각해도 참으로 무정했다.

나는 내 나라를 위해 내 몸과 마음, 그리고 금과 같은 귀중한 5년 세월을 아무 말 없이 받쳤다. 의과 대학 4년 재학 시절, 미국에 가서 의학 연수교육을 받을 수 있는 ECFMG 시험에 합격했지만 내가 그 시험에 합격한 것을 아무도 모르고 있었다.

아내의 약국을 판 돈을 몽땅 부모님께 드리고 약혼할 때 받은 반지와 아내에게 준 약혼반지를 모두 팔아 부모님께 드렸다. 정부에서 하라는 대로 단돈 100불을 주머니에 넣고 부인과 두 아들을 두고 미국으로 왔다.

병원에서 주는 아파트, 냉장고, 가스스토브, TV, 전화도 있으니 마치 천국에서 사는 것 같았다. 이제 할 일은 열심히 의학 공부를 한 뒤 고국에 가서 좋은 의사가 되는 것이었다.

인턴 수련을 마치고 코네티컷 대학교 소아 청소년과, 놀외크 병원, Yale 대학교 소아 청소년과에서 소아 청소년과학 레지던트 수련을 받았다. 이때 First, do no harm이란 의술을 배웠다.

예일대학교 소아 청소년과에서 동기 여의사를 만났다. 이미 미국에서 소아 청소년과 레지던트 수련을 마치고 예일대학교 소아 청소년과 조교수로 일하고 있었다. 흙수저에서 자란 나를 한 번 또 돌이켜보게 했다.

미국은 범국가적 차원에서 소아 청소년과학회 등을 통해 소아들의 건강관리, 질병, 사랑, 잠, 영양, 질병 및 안전 사고예방 등에 관해 부모들이 교육을 받을 수 있었다.

이러한 미국의 시스템을 보면서 나도 죽기 전 조국에 가서 어린이 건강증진을 위해 생을 바치고 싶었다.

하지만 이러한 일들을 혼자 하기는 너무 어렵고 힘에 부친다.

그동안 이런 일을 할 수 있게 나를 격려해 주고 도와주시던 분들도 많았지만, 시간이 흐를수록 내가 귀국해서 국가를 사랑하며 산다는 것은 쉽지 않은 꿈임을 느끼게 된다.
하지만 나에게는 꿈이 살아 있다.
나는 전 세계 8,000만 한인들의 자녀들이 보다 더 건강하고 행복하게 자라도록 도와주는 일에 집중하려 한다. 많은 분들이 동참해 주시면 꿈은 이루어지리라 생각한다.

나의 고향이 화성사 염전, 목장이 되다

　6.25전쟁 전후 나의 고향 안면도 중장리 3구에 사는 사람들의 대부분은 삼시 세끼 밥을 제대로 먹을 수 없을 정도로 가난했다. 호구지책으로 일자리를 찾아 동네 사람들이 여기저기 떠돌아 다녔다. 그렇다고 해서 이런 실업자들을 돌봐주는 단체도 없고 국가적 정책도 없었다. 먹을 것이 없어 죽으면 그만인 시절이었다. 그 당시 정치하는 사람들의 대부분은 미국 유학을 다녀왔거나 독립 운동가들이 대부분이었다.
막노동을 해서라도 돈을 벌어 식구들의 목구멍에 풀칠이라도 해주고 싶었지만 일할 곳을 찾는다는 것은 하늘에 별따기였다. 어떤 사람들은 바닷가에서 게, 소라, 고동 등을 잡아먹고 산과 들에서 채취한 나물로 연명하기도 했다.
바로 그때 군산 모(가명) 씨가 우리 동네에 와서 천수만 서쪽 해변가에 있는 소당섬 해변가와 유두목 해변가를 연결하는 원둑을 막고 갯벌을 염전으로 만든다는 소문이 났다. 거의 30만평의 갯벌 땅을 염전으로 만든다고 했다. 천수만 바닷물이 새로 만드는 염전으로 들어오지 않게 원뚝을 만들 계획인 것이다.

그 당시 굴삭기나 자동차 등 현대식 토건 사업에 쓸 수 있는 기계는 하나도 없었다. 삽, 곡괭이 등으로 돌, 바위와 흙을 파고 구루마로 흙과 돌을 운반해서 길이 500m 정도 되는 원뚝을 막아야 했다. 몇 년이 걸리는 작업이었다.

그 원뚝을 막는 동안 우리 집 근방에서 사는 사람들은 물론, 안면도 육지 여기저기에서 모여든 노동자들은 삼복 뙤약볕 아래 굵은 땀방울을 흘리면서 열심히 일을 했다.

그렇게 막노동을 해도 노동자들과 그 식구들은 보리밥에 열무김치로 하루 세끼를 먹는 것이 보통이었다. 하지만 이런 원뚝 막는 일자리를 제공해 준 화성사 설립자에게 모두 감사드렸다. 그 뒤 소금을 생산하기 시작했고, 소수의 노동자들이 계속해서 염전을 운영했다.

그러나 화성사가 설립된 후 어마어마한 부작용이 생겼다고 생각하는 사람은 나뿐이었을 것이다.

그 당시 화성사에서 일하는 사람들 대부분이 우리 집 근처에 살았기 때문에 화성사로 인해 생긴 부작용에 대해서 불평불만을 털어 놓는 것은 거의 볼 수 없었다. 이뿐만 아니라 화성사를 불법으로 설립했다고 생각하는 사람은 한 명도 없었다.

나는 그 당시 홍성중학교에 다녔다. 하지만 어린 내 눈에도 화성사로 인해 하나님이 준 자연이 파괴되고 그로 인해 생긴 부작용 때문에 마음 아픈 일이 많다는 생각이 들었다.

첫째, 우리 장등개 집에서 5리 정도 걸어 내려가면 천수만 서쪽 해변이 있었다. 여름에 바닷물이 간만조에 따라 해변까지 들어오면 바닷물 속에서 잠수를 하고 수영도 하며 놀던 것을 더 이상 할 수 없게 되었다.

밀물(만조)과 썰물(간조)에 따라 바다물 깊이가 변화한다. 화성사 염전이 생기 전에는 만조가 되면 조그마한 배들이 해변까지 들락거렸지만 이제는 더 이상 볼 수 없었다. 또한 화성사가 원뚝을 막기 전에는 원뚝 안쪽에 있던 갯벌에서 능정이, 황발이, 돌게, 깔데기 게, 맛, 새우, 박하지, 낙지, 소라, 고등, 굴 등을 마음대로 잡아먹을 수 있었지만 이제는 그 먹거리들이 그림의 떡이 되어버렸다. 몇 천년 동안 자연이 만들어 놓은 우리 동네의 해변과 천혜의 자연을 간직한 바다는 온데간데없이 사라졌다.

이뿐 아니라 안면면 중장리 3구의 화성사 염전과 함께 염전 주위의 야산과 농로, 산길, 밭, 논까지 화성사가 소유하게 됐다. 이곳에서 새로 집을 짓거나 공장이나 가게 등을 지으려면 화성사의 허가를 받아야 했다.

지금 생각하면 지역주민들에게 물질적, 정신적으로 막대한 손해가 생겼음에도 당시에는 이를 깨닫지 못했다.

그 당시 서울에 있는 많은 대학교가 천수만 동쪽 해변에 원뚝을 막고 염전 사업을 하는 것이 유행이었다. 해변가 주민들의 가난했기 때문에 대기업이 자연을 파괴하고 주민들의 삶에 해가 생길 수 있다는 것도 알면서도 주민들은 반대하지 않았다. 당장 먹고 사는 것이 급했기 때문이다.

그때 우리나라는 돈이 있으면 마음대로 아름다운 해변에 원뚝을 막아 염전을 하고 돈을 벌 수 있던 시절이었다.

화성사의 소유지가 늘면서 그곳에 살던 원주민들은 하나 둘씩 집과 논밭을 팔고 낯선 타향으로 갔다. 나의 당숙도, 첫째 큰아버지 댁도, 그 외 많은 우리 친척들도 이사를 갔다. 그 중 하나가 우리 집이었다.

나는 미국에 와서 집을 샀으나 차고가 없었다. 차고를 지으려고 동네 주민사무소에 건축허가를 신청했다. 주민사무소에서는 내가 사는 집 주위에서 사는 모든 동네 사람들에게 일일이 서면으로 '이상원이 자신의 땅에 차고를 지어도 괜찮냐'고 연락을 했다.
이웃 주민중 한 명이라도 반대를 하면 방청회를 열어야 했는데, 다행히도 차고 건축에 반대하는 이가 없어 차고를 무사히 지었다.
화성사가 염전을 만들고 그 주위에 있는 땅을 소유했지만 아무도 이들이 무엇을 하는데 주민의 의견을 듣는 곳은 없었다. 중장리 리사무서에서도, 안면면 면사무소에서도, 서산군에서도, 충청남도 도청에서도 한 마디 말도 없었다. 내가 살던 그때 나의 고국은 이러했다.
몇 년 후 알았는데 우리가 살았던 장등개 집 앞산과 뒷산, 그리고 동서남북으로 편리하게 동네 사람들이 오고갈 수 있게 만들어 졌던 산길, 농로 등이 다 그 회사의 소유지로 되었고 동네 사람들이 그 도로를 더 이상 이용할 수 없다는 말을 들었다. 심지어는 내 논이라고 내 밭이라고, 수 십 년 농사를 지었던 땅이 전부 화성사에 속해있다는 것을 알고 주민들이 반발하기 시작했다.
안면도에 겨울이 오면 산에 올라가 마른 솔잎과 거푸랑잎을 긁어 아궁이에 불을 때곤 했다. 소나무 삭정이를 따서 밥과 국을 끓여먹고 안방 아랫목을 따뜻하게 했었다. 그러나 이제는 뒷산, 앞산에 올라가 쉽게 불 땔거리를 구할 수 없게 되었다.
이웃 김 서방 집에서 박 서방 집으로 걸어가는 농로도 그 회사에 속하게 되었다.
소를 사면 그 집 주위에 있는 밭 뚝 논 뚝 산기슭에 매놓고 먹일 수가 없었다.

마을에서 다른 산골 마을로 가는 길을 막아서 마음대로 오지도 가지도 못했다.

수천 년, 아니 수 만년 동안 자연스럽게 이루어졌던 삶이 한 회사 때문에 무너졌고 이에 따른 생태계도 모두 없어졌다.

이렇게 하나 둘씩 살던 집을 버리고 타향으로 갔다.

그 후 우리 사촌 형님 한 분이 동네 주민들이 이렇게 당하고 살 수는 없다고 생각해, 충남도지사에게 이런 문제를 고발하고 해결하려고 한다고 미국에 있는 나에게 몇 번이나 전화를 했었다. 사촌 형님이 집에서 왕복 20리 정도 떨어진 안면면 면사무소까지 가서 도지사를 만나기 위해 주민등록을 떼러 가면 이를 벌써 알고 형님에게 술을 먹여 취하게 해 목적지까지 한 번도 가보지 못했다고 했다.

그 뒤 자세히 알아보니 대기업이 화성사와 염전, 그리고 염전 주위에 있는 땅을 화성사로부터 사고 염전 주위에 있는 산과 들을 목장으로 만들고 염전은 그대로 염전으로 쓰고 있다는 정보를 들었다.

1980년도 나는 내 고국의 고향을 방문했다.

죽은 두 동생들이 묻혀있는 애장을 찾아갔는데 동생들의 애장은 온데간데없었다. 그 위에서 젖소들이 풀을 뜯어 먹고 있었다.

내가 자랐던 장등개 뒷산 이곳저곳에 있었던 다른 사람의 묘지들도 다 없어졌다. 그 묘에서 큰 도로까지 내려올 수 있게 만든 길도 없어졌다.

해마다 자손들이 벌초를 했었는데, 그 묘도, 길도 없고 젖소들만이 풀을 뜯어 먹고 있는 것이 아닌가. 이를 대한 순간, 얼마나 가슴이 아픈지 몰랐다.

치료도 못 받고 사춘기에 죽은 동생의 유골은 산산이 부서지고 흩어져 한줌의 흙이 되어버린 것이다.

10여년 전, 나는 당시 나의 동생뿐 아니라 그곳에 묻힌 많은 사람들의 영혼을 기리는 기념탑을 장등개 지역 적절한 곳에 만들자고 당시 대기업에 제안했었지만, 그 후 아무런 회답을 받지 못했다. 그렇게 나는 동생들을 가슴에 묻을 수밖에 없었다. 나뿐 아니라 고향 뒷산이 평생 안식처가 될 줄 알았던 수많은 사람들의 주검을 가족들은 가슴에 묻고 살아가야 했다.

장등개 앞 동네 사람으로부터 온 페이스북

내가 나고 자란 고향 장등개 마을의 이웃 동네에서 살던 김 선생님이란 분이 페이스북을 통해서 나에게 인사를 했다. 고향은 늘 그렇듯 아련한 옛 추억을 떠올리게 한다.
나의 고향은 충남 서산군 안면면 중장리 2구 장등개다.
장등개 마을의 앞 야산을 넘으면 흐르개 마을이 있고, 장등개 동네 옆 야산을 넘어가면 지평골(깊은 골)마을이 있고, 그 마을을 지나 야산을 넘어가면 큰골 마을이 있었다. 장등개 마을 남쪽으로 5리 정도가면 문판골이란 마을이 있고, 문판골 남쪽에 있는 바닷가를 따라 십리 길을 가면 천수만 서쪽 해변가에 서당섬 마을이 있었다. 장등개 마을을 조금 지나서 동쪽으로 가면 토목개라는 마을이 있었다.
마을이라고 부르기는 하지만 겨우 두세대 초가집만 있는 곳이었다. 내가 6년 동안 다녔던 안중공립국민학교까지는 왕복 20리였다.
이런 섬마을 산골에서 태어나고 자란 내가 어떻게 해서 이곳 미국에서 살고 있는지 모르겠다.
내가 사는 곳은 미국에서도 가장 아름답고 개인 당 연수입이 가장 높은 뉴잉글랜드 코네티컷주이다. 날마다 하루를 시작하면서 이곳에 살게 해 준 하나님께 감사의 기도를 드린다.

또한 오늘 페이스북을 통해 인사를 해 주신 김 선생님께도 다시 한 번 감사드린다.

그 분의 고향은 흐르개 마을이라고 했다.

내가 자랄 때 흐르개 마을 홍성군결성에서 이주해 살던 김주경 선생님과 김주원 선생님 두 형제가 살았다. 지금 알게 된 김 선생님이 혹시 김주경이나 김주원 선생님들의 친척이 아닐까 혼자서 생각도 해 보았다.

오늘은 미국 Bank of America로부터 그 동안 쓰지 않은 포인트 어워드를 쓰라는 연락을 받았다. 그 포인트 어워드 가치가 1,200불이 된다고 했다. 생각지도 않았던 1,200불을 받아 내 Bank of America 크레디트 카드 통장에 입금시켰다.

오늘 자동차로 30분 정도 드라이브해서 Lapsley 과수원에 갔다. 과수원 가게 판매대에 아무도 없었다. 그러나 채소와 과일 등을 판다는 글이 있었고 손님이 내는 돈을 보관하는 나무 박스가 있었다. 판매대에 있는 딸기 한 박스를 샀다. 딸기 한 박스의 가격은 4불. 먹음직스럽고 탐스럽고 깨끗한 딸기 한 박스를 사고, 돈 Box에 6불을 넣었다.

이 주인 없는 돈 박스 속에 거의 50불 정도의 현금이 들어있는 것 같았다.

주인은 없었지만 하나님이 보고 계셨다.

페이스북으로 멀리 고향에 있는 분께 연락이 오고, 생각지고 못한 공돈이 생기고, 조용한 길을 드라이브해 싱싱한 딸기를 사서 돌아오는 일상…이 여유로운 삶의 허락해 주신 하나님께 다시 한 번 감사드린다.

흙수저로 태어나 하루도 허투루 살지 않았던 젊은 날이 있었기에 오늘날 내게 이처럼 평화로운 시간을 허락하신 듯하다.

부모도 반의사가 되세요

　　FAGS(패그스)란 말이 있다.
이는 Fear(두려움), Anger(화남/분노), Guilt(죄악감), Sad(슬픔)의 영어단어의 첫 글자에서 따온 단어이다. FAGS(패그스)란 말 대신 FAGS syndrome(패그스 증후군)이란 말도 쓴다.
의사들은 패그스 증후군이 무엇인지 꼭 알아야 하고, 일반인들도 알아두면 좋은 상식이다.
사춘기 아이들이나 성인 남녀들에게 병이 나면 이러한 FAGS 증후군이 생기는 것이 보통이다.
그런데도 FAGS 증후군이 무엇인지 알고 있는 의사들이 그렇게 많지 않은 것 같다.
나도 병을 많이 앓았고 우리 부모님들과 동생들도 병으로 고생을 많이 했다. 또 병으로 사춘기 동생들이 죽었다. 우리 가정은 FAGS 증후군의 증상 징후로 가정이 파괴되기까지 했다.
의사들뿐 아니라 일가친척들, 그리고 이웃들도 우리 가족에게 패그스 증후군이 있는지 몰랐다.
우리 가족은 한의사, 돌파리 의사, 의과대학을 졸업한 정식 의사, 의과대학 교수 등 여러 의사들로부터 진료를 받았다. 하지만 과거 병력, 가족 병력, 현재 병력 등을 의학 교과서에 써있는 대로 제대로 묻고 평가하지 않았다. 발끝부터 머리끝까지 자세히 진찰을 해주지도 않고, 또 병명은 무엇이고, 왜 그 병이 생겼고, 어떻게 치료를 하고, 추적치료(따라잡기/Follow up treatment)는 어떻게 해야 한다고 진료해 주는 의사는 보기 힘들었다.

또 미국오기 전까지 의사가 내 몸과 같이, 내 가족과 같이 환자를 치료해준 의사를 보기 어려웠다.

아마 나도 그런 진료를 했을 것이다.

안면도 장등개 섬마을에서 태어난 내가 홍성고등학교를 다닐 때까지 한 번도 과외 수업을 받아 보지도 않고, 연세대학교 의과대학에 들어가 6년을 다닐 때까지 잘했다는 칭찬을 한 번도 받아 본적이 없다. 오히려 내가 의과대학을 다니지 못하게 직·간접적으로 방해하는 일들만 숱하게 벌어졌다.

그러나 부모님은 농사를 지어 쌀, 보리를 팔고, 달걀을 팔고, 심지어는 논까지 팔아 학비를 대주셨다.

의예과에 입학한 후 의대를 졸업할 때까지 6년에 걸쳐 나는 자취를 하고, 가정교사를 하고, 무의촌 봉사 장학금, 반환조건 의대 장학금을 받았고, 나머지 학비와 의식주는 부모님께서 도와주셨다.

졸업한 동기의사 72명 중 나 혼자만 충청도 출신이었다.

의과대학 4학년 재학 당시, 미국에서 의사로 일할 수 있는 ECFMG 시험에 합격했다.

눈치껏 어깨 너머로 얻어들은 정보로 ECFMG 시험을 치른 것이다. 그 당시 동기 의사들 중 일부는 모교 의과대학에서 인턴 수련을 받고 일부는 육해공군에 지원해 군 복무를 마치고 미국에 갈 준비를 하고 있었다. 그때 어떤 의사는 KIM'S 플랜으로 미국으로 가려고 했다.

나는 무의촌에서 2년 의료 봉사 근무를 하고 군대에서 3년 동안 복무를 해야 했기 때문에 졸업 후에도 5년이 지나서야 미국으로 공부하러 갈 수 있었다.

당시에는 동기보다 뒤처지는 것 같아 상심했지만 내가 무의촌에서 가난한 우리 고향 서산지역 환자들을 진료해 줄 수 있었던 것은 모두 하나님의 깊은 뜻이었음을 알게 되었다.

1963년 그해 충남 서산군 내 한국에서 의과대학을 졸업한 의사는 불과 5명뿐이었다. 나의 고향 안면도에는 의사가 한 명도 없었다. 2015년에도 인구 9,000명이 있는 안면읍에 소아 청소년과 의사도, 산부인과 의사도 없었다.

무의촌 2년 근무할 때 홍역을 앓는 아이들, 백일해, 유행성 이하선염 등 감염병을 앓는 아이들이 많이 있었다. 그들은 돈이 없으면 의사의 치료를 받을 수 없었다.

그러나 나는 돈이 있든 없던 남녀노소 누든지 진료 받으러 오면 진료해 줬다.

그 후 대한민국 국군에 입대해 군의관으로 3년간 근무했다.

의과 대학 졸업 5년 뒤인 1968년, 나는 해외여행자 국가허용 소지 금액 100불을 주머니에 넣고 미국행 비행기에 올랐다. 그 후 코네티컷대학교 의과대학 소아 청소년과와 놀와크 병원, 예일대학교 의과대학 소아 청소년과 등에서 소아 청소년과 레지던트 수련을 받았다.

한때 고신의과 대학 주임 교수로 귀국했다가 다시 미국으로 돌아온 나는, 28년 동안 미국 코네티컷주 Willimantic에서 이상원 소아 청소년과 진료소를 운영했다.

그러면서 미국 교포와 전 세계 한인들에게 소아 의료정보를 제공하기 위해 많이 노력했다.

나보다 먼저 간 사랑하는 동생들아!

피지도 못한 채 꽃봉오리로 이 세상에서 하늘나라로 간 동생들을 기리면서 나는 온 세상 8,000만 한인들의 건강과 행복을 위해 저작한 총 25권 소아청소년 육아용 바이블, '부모도 반의사가 되어야 한다' 소아 청소년과학 웹사이트를 통해 한인 자녀들을 건강하고 행복하게 키우는데 일조하고 싶었다.

팔순이 지나 지난 시간을 회고하며 이런 원고를 내놓게 된 것에 대해 하나님께 무한히 감사드린다. 그리고 음식을 정성으로 매일 지어 준 나의 아내에게 감사드린다.

자녀를 사랑하지 않는 부모는 없다.

모든 부모들은 적어도 반의사가 될 수 있을 정도로 육아 공부를 해야 한다.

그래야 가정이 행복해 질 수 있다. 또한 국민이 행복하고 건강해야 그 나라가 행복한 나라가 된다.

둘째 아들 건형이가 North Western Medical School을 졸업하던 날

나의 아들 내과전문의 건형아, 이런 의사가 되어라

첫째도 First, do no harm이고

둘째도 First, do no harm이고
셋째도 First, do no harm이다.
내 몸을 치료하는 것 같이
내 가족을 치료하는 것 같이
사랑으로 치료하라.
병을 잘 진단하고
치료도 찬찬히 잘 해주고
항심으로 진료하라.
그러면 천복이 쏟아질 것이다.

좋은 의사가 되기 위한 길

    왜 웹 소아 청소년과를 쓰게 되었는지 이유를 얘기하겠다.
1968년 처음 미국에 왔더니 대부분의 미국 부모들은 어린 아이들이 아프면 먼저 체온을 쟀다. 미국 오기 전에는 의사나 간호사들만 체온을 재는 줄 알고 있던 나는 새로운 인술을 배웠다.
목이 아프다고 하면 입을 벌리라 하고 전등 불빛을 밝혀 어린 아이의 목구멍을 들여다보고 편도가 빨갛게 부었다 혹은 인후가 빨갛다라며 부모가 자녀를 집에서 진찰하는 것을 볼 수 있었다.
그리고 부모들이 집에서 바이러스성 인후 편도염에 걸렸는지 스트렙토 박테리아(Streptococcus bacteria) 감염으로 생긴 편도염에 걸렸다고 자가 추정 진단을 하기도 했다. 그 추정 진단을 확진하고 치료를 해 달라고 동내 개인 소아 청소년과 병원으로 데려 오는 것이 미국의 부모들이다.
1946년 예일대학교 의과대학 출신 소아 청소년과 전문의 스포크 박사는 세계 최초로 육아백과를 저술했다. 그 책은 성경 다음으로 제일 많이 팔려 베스트셀러가 되었다.

이후 나는 한국 역사상 처음으로 1988년 소아가정의학백과(618p)를, 그리고 10년 후 1998년 소아가정간호백과(1076p)를 저술했다. 그 책들이 한국인들에게 아주 유용한 육아 건강 증진 참고서가 될 것이라고 생각했다.

10여 년 전, 나의 저서 소아가정간호백과 한 권을 증정하기 위해 미국에서 한국 대통령에게 소포로 보냈다. '소아가정간호 백과-부모도 반의사가 되어야 한다'를 국민들에게 널리 알려 달라고 했더니 당시 유시민 보건복지부 장관이 한국소아 청소년과학회에 전달했다는 편지와 함께 감사하다는 말을 전해왔다.

OECD 평균 자살률 최고, 영유아들을 유기, 아동학대, 청소년 가출… 멀리 해외에서 고국 한국의 이러한 뉴스를 접하면 너무나 가슴이 아프고 내가 무언가 할 수 없을까 고민에 빠진다.

특히 소아청소년을 돌보는 의사인 나는 이러한 소식을 들으면 지금이라도 한국행 비행기에 오르고 싶다.

의사들은 거짓말을 해서는 안 된다.

또한 돈만 벌기 위해서 의사가 되어서도 안 된다.

코넷티컷주는 의사 면허증을 매년 갱신해야 한다. 그러면서 의사는 윤리도덕에도 적절해야 하고 범죄행위를 저지른 자에게 의사면허증을 부여하지 않는다.

소아 청소년과 의사는 2년마다 신생아 심폐소생술 연수교육을 받고 시험에 합격해야 소아 청소년과 신생아를 그 병원에서 진료할 수 있는 자격을 얻을 수 있다.

동내 개인 병원을 하는 소아 청소년과 전문의도, 산부인과 의사도 전문 의학분야 연수교육을 받아야 하고 마취 의사도, 간호사도, 임상검사실요원도, 영상학 전문의도, 신생아 전문의도 분만출산과 신생아 케어에 관해 전문적 최근 의학을 지식을 갖고 있어야 한다. 좋은 의사가 된다는 것은 정말 어려운 일이다.

2015년, 60년이 지나 다시 찾은 안면도 안중초등학교

2015년 7월, 10세 손자 손녀와 딸, 아내와 같이 고국을 방문했다. 이들과 함께 60여 년 전, 내가 다니던 안중초등학교 운동장을 거닐었다. 꿈만 같았다.

학교 건물은 미국에서도 찾아보기 힘들 정도로 잘 지어졌고, 초등학생들에게 영어를 가르치는 영어 교사도 있었고, 교실에 가득히 놓여 있는 컴퓨터도 볼 수 있었다.

67년 전 장등개에서 짚신을 신고 왕복 이십리 길을 걸어서 다니던 그 초등학교가 이제는 최신식 학교가 되어 있었다.

비가 오면 시멘트 포대를 쓰고 학교를 오고 갔었다. 책 보따리가 비에 맞지 않도록 두 팔과 가슴으로 비를 가리고 등하교를 했던 때를 생각해봤다.

미국에서 함께 온 손자 손녀(쌍둥이)와 그곳 전체 학생들, 약 80여 명이 미국과 한국에서 어떻게 공부를 하며 지내는지 서로 알아보는 시간을 가졌다. 교장 선생님의 배려 하에 진행된 이 30여분의 시간이 서로에게 좋은 추억으로 남았으리라 생각된다.

다들 밝고 용기 있는 학생들이었다. 장차 의사가 되고 싶다는 학생도 있었다.

그 중 어떤 학생이 우리 손자에게 "너는 네 할아버지를 좋아하느냐"고 질문도 했다.

또 어떤 학생은 미국 초등학교에서는 어떤 과목을 배우느냐고 묻기도 하고, 너는 김치를 먹느냐고 묻기도 했다. 또 미국 사람이 더 잘 생겼느냐 한국 사람이 더 잘생겼느냐고 묻기도 했다.
아이들의 순수함이 너무나 예뻐보였다.
미국 먼슨 초콜릿 공장에 직접 가서 산 초콜릿 80봉지를 각 학생에게 나누어 주면서 집에 가서 부모님과 함께 먹으라고 했다.
안중초등학교에서 시간을 보내고 근처 보건소에 들렀다.
60여 년 전 내가 안중초등학교에 다닐 때는 한반에 30명 내지 50여 명의 학생들이 있었는데, 요즘은 중장리를 통틀어 연간 8명의 신생아가 태어난다고 했다.
매주 한 번 정도 소아 청소년과 의사가 이 보건소에 다녀간다. 물론 인구 9,000여 명 정도의 안면읍은 산부인과 병원도 없고, 소아 청소년과 병원도 없었다. 미국에서는 소아 청소년 2,000여 명 당 소아 청소년과 의사가 한 명은 있어야 하는 것이 이상적이라고 한다.
또한 미국에서는 어떤 지방에서 소아 청소년과 의사가 필요하면 그 지역 주민들이 소아청소년들의 건강관리를 해줄 수 있는 소아 청소년과 전문의를 구한다는 광고를 내 초빙하는 경우가 흔하다.
안면읍 내에는 소아 청소년과 의사도, 산부인과 의사도 없었다. 중장리에서 연 8명의 아이가 태어난다고 하니, 의사가 개업할 수 없는 사정도 이해할만 했다.
이상적인 둥지가 있어야 새가 새끼를 낳을 수 있다.
나는 한국과 미국의 소아 청소년과 전문의 자격증을 가지고 있고 미국 톱 소아 청소년과 전문의로 선정되었다. 수십년 환자를 사랑하는 의사라는 평을 받고 있고 고국에서 환자를 진료할 수 있는 개인 병원을 차리겠다고 했지만 거절당했다. 물론 거기에는 무슨 이유가 있으리라고 믿었다.

고향에서 미국식 지역 사회 종합 병원을 설립해 보자고도 여러 번 건의했지만 역시 그것도 거절당했다. 물론 쉬운 일은 아니라고 생각한다.

미국에서는 산골이나 읍, 면 단위의 지역에도 지역 종합 병원을 설립하고 그 지역 주민들에 의해 운영된다. 즉, 지역민들을 위한 각 분야 의료 전문의들이 그 지역에서 개인 병원을 개업하 는 등의 의료 조직을 만드는 것인데, 고국 한국에서도 이러한 시스템을 받아들이면 좋을 것이라 생각했다.

가급적이면 시골에서 개인 병원을 차린 의사들의 수입이 서울이나 그외 대도시에서 개업하는 의사들의 수입에 동등하든지 또는 그 이상 수입을 얻을 수 있게 조정하고 진료시간을 교대로 조정하는 등 진료 조건이 구비되어야 한다. 그리고 의사는 연 20~50시간 이상 의사 연수 교육을 받아서 의료지식을 업데이트하는 의료법도 있어야 한다고 생각한다.

의사의 윤리도덕, 의료지식 등에 준해서 매년마다 의사 면허증을 갱신하는 식으로 의사 면허증을 관리하는 것 또한 한국의 의료수준과 관리에 좋은 방법이 아닐까 감히 생각한다.

하지만 이 모든 것들이 녹록치 않은 시스템이라는 것을 잘 알고 있다. 다만 선진의료를 위해 꼭 한 번 고려해 줬으면 하는 바람이다. 안면도 내 비영리적 지방종합 병원을 만들어 안면읍 섬 마을에 소아 청소년과 의사 3~4명을 초빙해 각 개인 병원을 운영하도록 하고 의사의 수입을 주민들이 보장해 주는 식으로 주민들을 위한 소아 청소년과 전문의 진료를 하게 하는 것도 좋을 듯하다.

여기서 말하는 지방 종합 병원과 개업의들이 운영하는 진료소는 서로 다른 것이다.

미국에서는 수 십년 전부터 이러한 지방 종합병원을 하고 있다. 이런 시스템에도 장단점이 있지만 직접 이러한 의료를 해본 나로서는 우리나라 시골에도 이런 것들이 도입되면 좋겠다는 생각이다.

부록

소아건강 세미나

충남 서산 서동마을금고에서 '자녀를 이렇게 사랑해서 키워라' 세미

브라질 상파울루 한인 교회에서 열린 '사랑하는 자녀 이렇게 키우라' 세미나

천안 호서대학에서 '자녀를 조건 없는 진정한 사랑으로 키우세요' 강연회

'아들 딸 이렇게 사랑해서 키워라' 세미나

호서대학 소아 건강세미나를 마치고   미국 보스턴 성결교회에서 소아 건강세미나

호서대학에서 소아건강 세미나를 마친 뒤 아내와

뉴저지 채널 48 TV 코리아 방송
청소년 건강 상담

하트포드 한인교회
알레르기 질환 세미나

졸업장, 수료장, 자격증, 면허증, 합격증

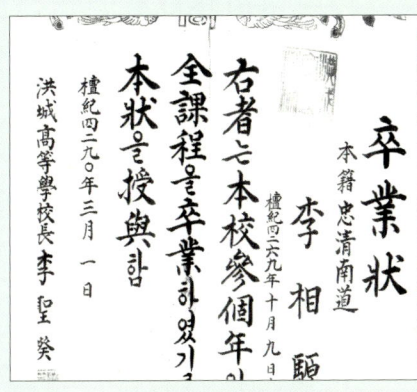

홍성고등학교 졸업증

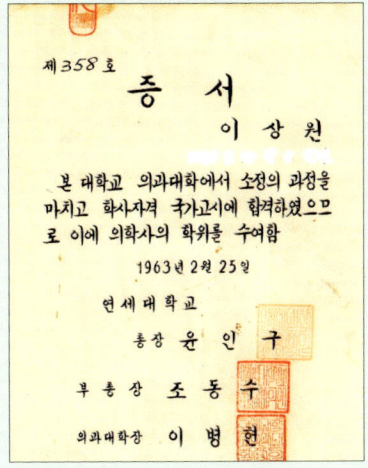

연세대학교 의과대학 졸업증

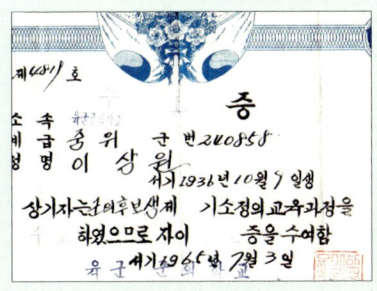

육군 군의관 중위 임관증

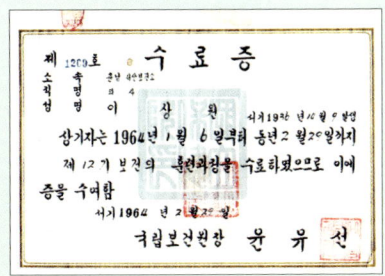

국립보건의 수료증

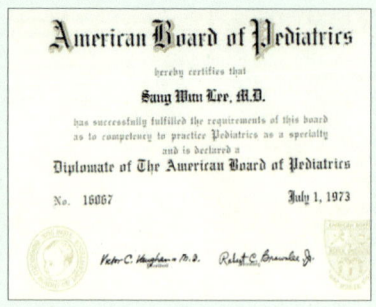

미국 소아 청소년과 전문의 자격증

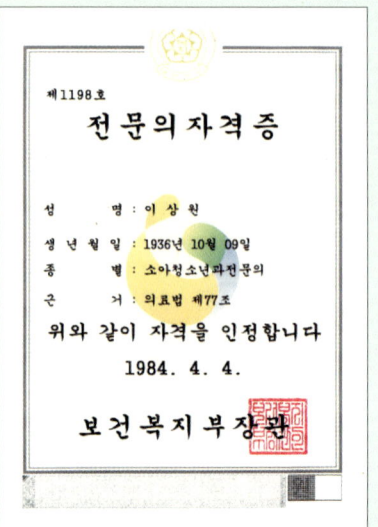

한국 소아청소년과 전문의 자격증

한국 의사 면허증
(1964년 12월 16일)

1974년 한국 의사 면허증 갱신

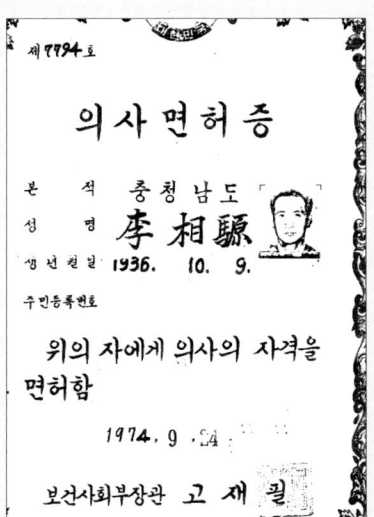

한국 의사면허증

영어 한국 의사 면허증

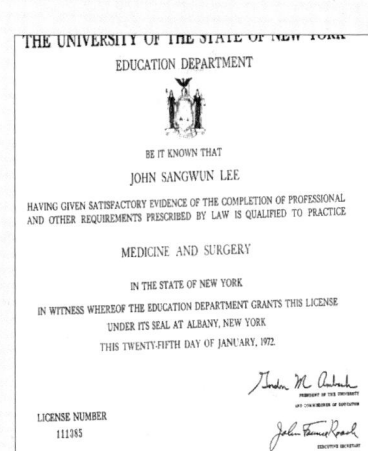

미국 뉴욕주 의사면허증

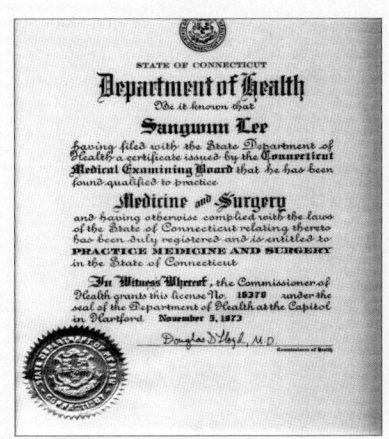

미국 코네티컷주 의사면허증

제8장 부록

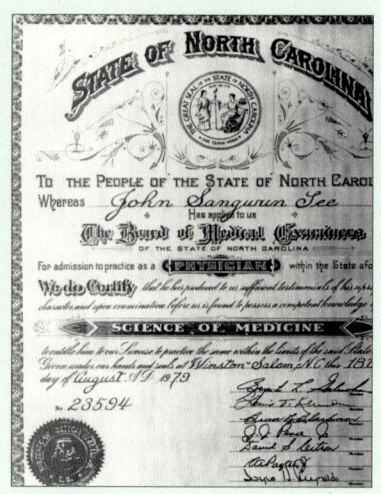

미국 코네티컷주 의사면허증
(2016년)

미국 노스 캐롤라이나주 의사면허증

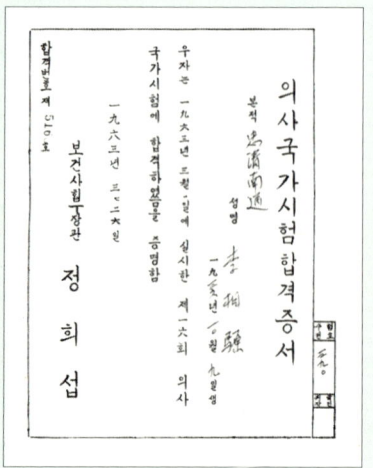

미국 ECFMG 시험 합격증

한국 의사 국가 시험합격증서

미국 소아 청소년과 전문의 자격증

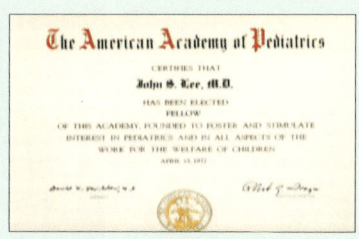
미국 소아 청소년과학회 펠로

소아 청소년과학 교과서와 소아 청소년과학 연수교육용 참고

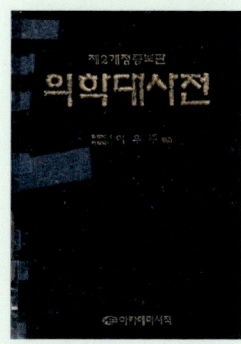

의학대사전
이의주 의학박사 저
2982p

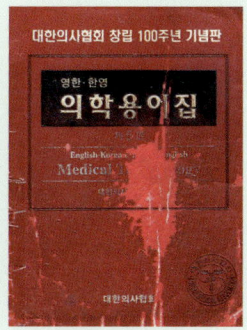

대한의사협회
의학용어집
1870p

1963년 연세대학교 의과대학
소아 청소년과학 교과서로 사용했던
Slobody
502p

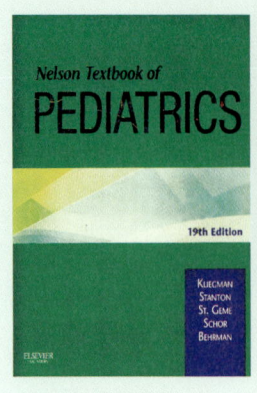
최근 미국 의과대학
소아 청소년과학 교과서
총 2610p

한국 의과대학
소아 청소년과학 교과서
1210p

소아 청소년과학 증상 징후
702p

소아 청소년과학 연수교육용 저널 등
Medical Journals and periodicals for study of pediatrics

미국 의사협회
의학 저널

코네티컷주 의사협회
의학 저널

뉴잉글랜드
의학 저널

뉴잉글랜드
의학 저널

미국 질병관리 예방센터
이환율, 사망률 주간지

소아청소년학 저널

노스 아메리카
임상 소아 청소년과학

미국 소아 청소년과학회
소아 청소년과학 저널

사춘기의학 저널
감염병 업데이트

제8장 부록 · 211

 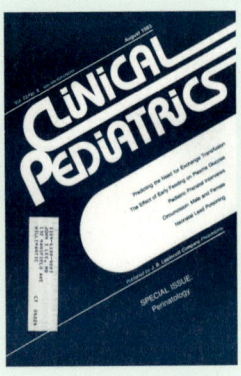 

소아 청소년과학 아날스 저널 　　임상 소아 청소년과학 저널 　　알치브스 소아청소년학 저널

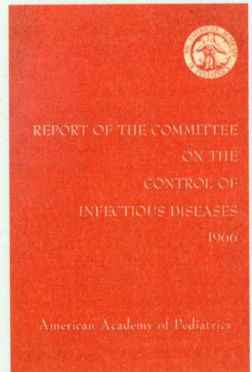 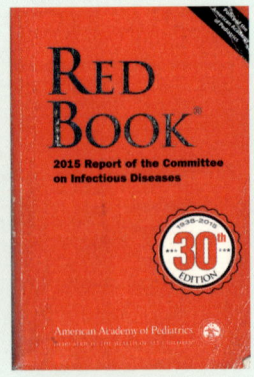 

Red Book 1966년
미 소아 청소년과학회
감염병 바이블
186p

Red Book 2015년
미 소아 청소년과학회
감염병 바이블
1151p

사춘기아이들의
정신 질병의 예방과 치료

사람 기형 패턴 이해

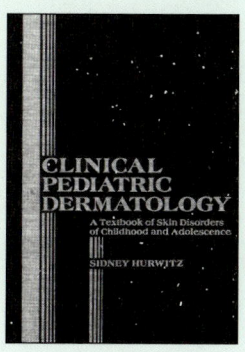
임상 소아 피부과학

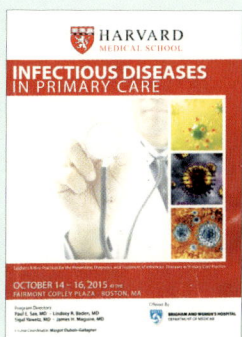
개업의를 위한 감염병학

소아 신경내과 핸드북

임상 알레르기질환 치료

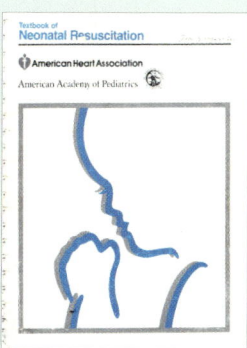
신생아 심폐소생술

응급진료 구조대 응급진료학
546p

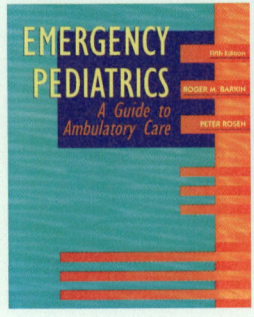
응급 소아 청소년과학

소아 위장관 질환

신생아 의학

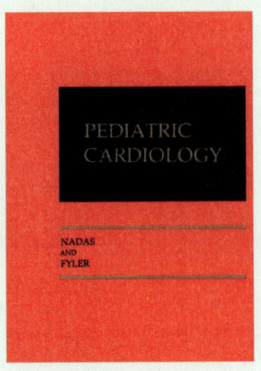
소아 심장혈관의학

임신 분만 출산 바이블

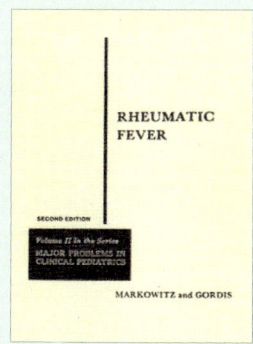
류머티스 열

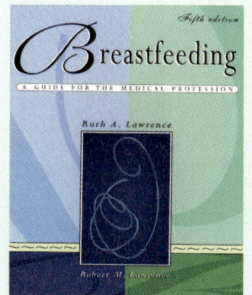
모유 모유수유 이유
1000p

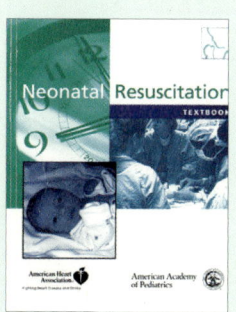
신생아 소생술

부모자녀 육아 가이드

적절한 소아 행동

사춘기 준비

미국 소아 청소년과학회 뉴스

소아 감염병

소아 청소년과학 Year book

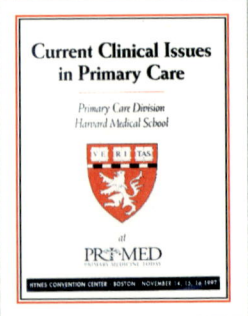
최신 임상 소아 청소년과학

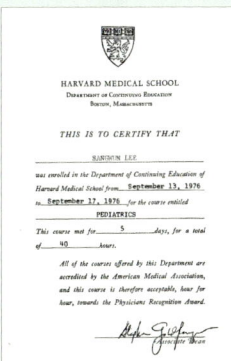
하버드대학교 의과대학
연수교육

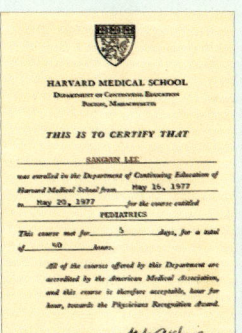
하버드대학교 의과대학
연수교육

코네티컷대학교 의과대학
연수교육

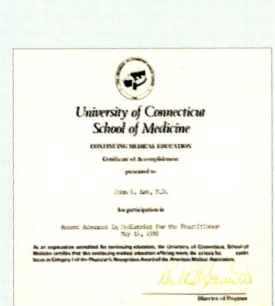
코 네티컷대학교 의과대학
소아학 연수교육

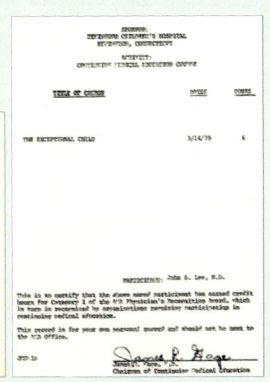
뉴잉톤 소아 청소년과 병원
연수교육

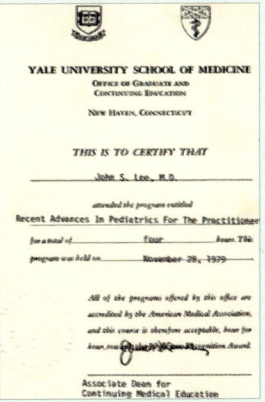
예일의과대학
소아 청소년과학 연수교육

제8장 부록 · 217

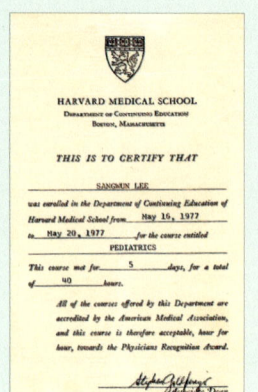
하버드의과대학
소아 청소년과학 연수교육

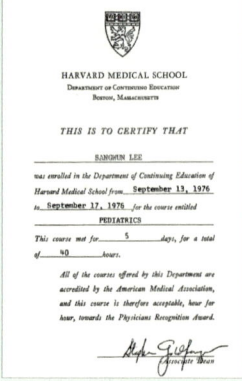
하버드의과대학
소아 청소년과학 연수교육

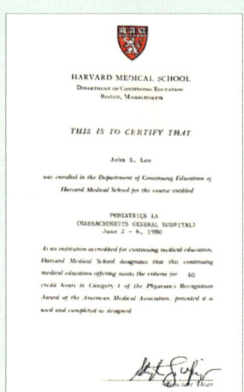
하버드의과대학
소아 청소년과학 연수교육

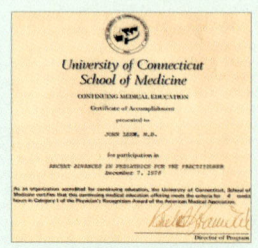
코네티컷대학교 의과대학
소아 청소년과 개업의
최신 소아 청소년과 연수교육

코네티컷대학교 의과대학
개업의 최신 소아 청소년과
연수교육

하버드 의과대학
소아 청소년과학 연수교육

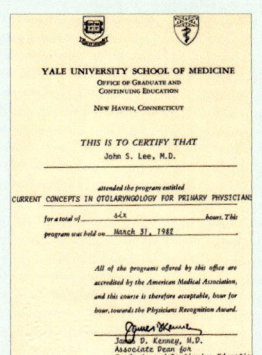
예일대학교 의과대학
이비인후과학 연수교육

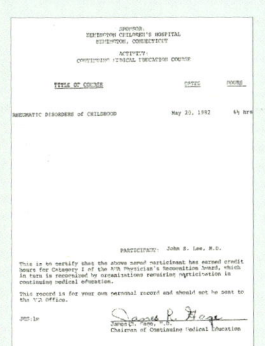
소아 류마티스 질환 연수교육

윈디함 병원
영아 고위험 질환, 식별,
관리 연수교육

오디오 소아 청소년과학 연수
교육

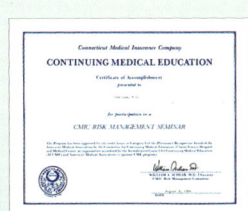
코네티컷 의료보험회사
위기관리 연수교육

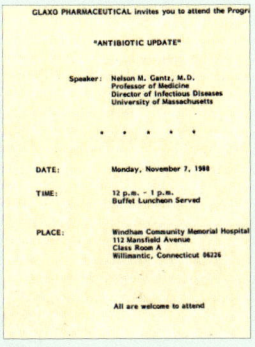
갈락소 제약회사
항생제 업데이트 연수교육

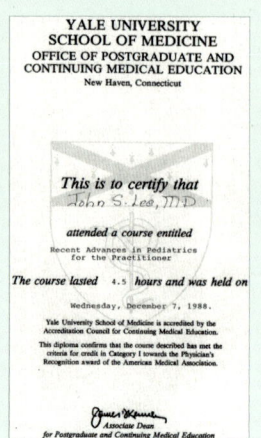
예일대학교 의과대학
최근 소아 청소년과학 연수교육

알레르기질환, 감염병, 최신 항생제 치료, 소아 안과학, 흔한 소아 비뇨기학 문제, 사춘기아이들의 건강 문제, 중환자 치료 연수교육

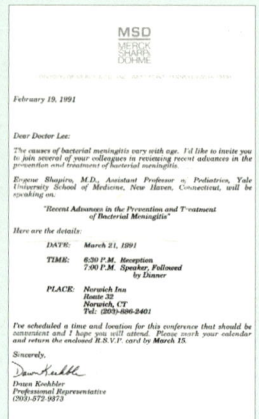
최근 박테리아 뇌막염 진단 치료 연수교육

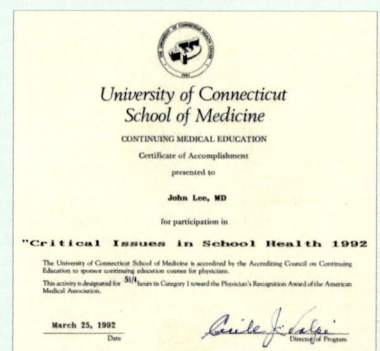
코네티컷 대학교 의과대학
건강 비판 이슈 연수교육

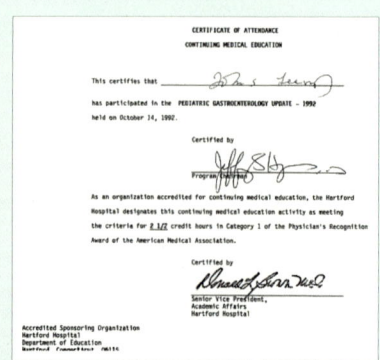
하트포드 병원
최신 소아 소화위장관 질환 연수교육

예일대학교 의과대학
최신 신경과학 연수교육

예일대학교 의과대학
최신 소아 진료실 외상관리 연수교육

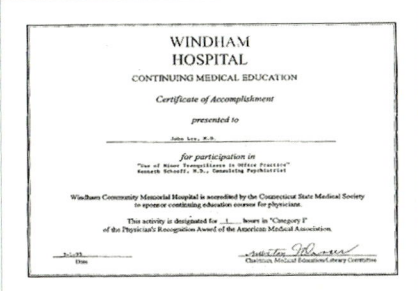

원디함 병원
소아 경도 정신안정제 사용 개업의 연수교육

제8장 부록 · 221

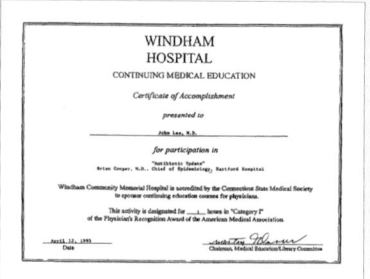
윈디함 병원
최신 항생제 연수교육

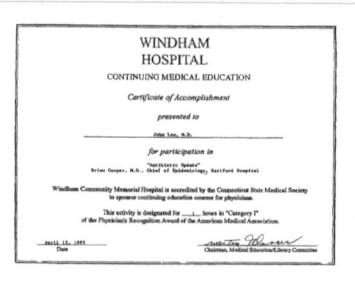
윈디함 병원
천식 치료 가이드 연수교육

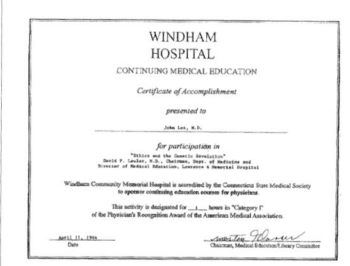
윈디함 병원
소아 윤리 유전 연수교육

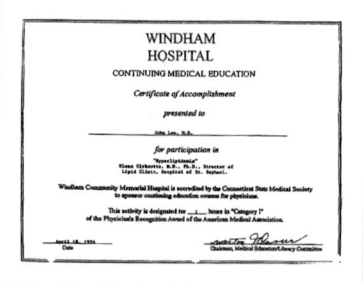
윈디함 병원
고지질혈증 연수교육

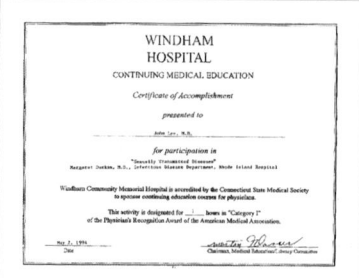
윈디함 병원
감염성 성병 연수교육

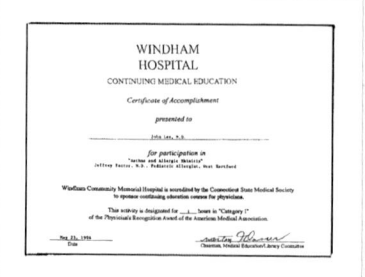
윈디함 병원
알레르기, 자가면역 질환 연수교육

세인트 프랜시스 병원
최근 소아 청소년과학 문제 연수교육

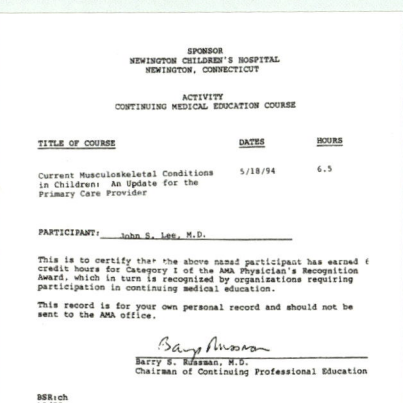

뉴잉톤 소아 청소년과병원
최근 소아 근육 골격질환 연수교육

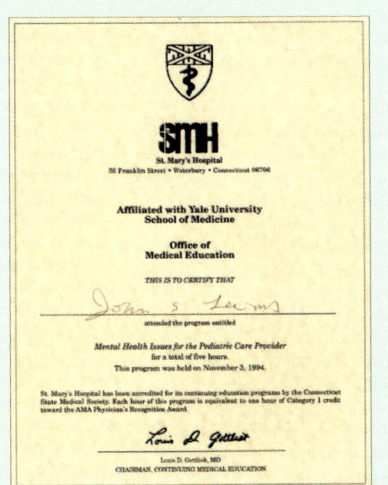

예일대학교 의과대학
소아정신건강 연수교육

마이애미대학교 의과대학 소아병원
소아 진보 생명유지 연수교육

마이애미 소아 청소년과병원
소아 진보생명유지,
외상생명유지 응급 연수교육

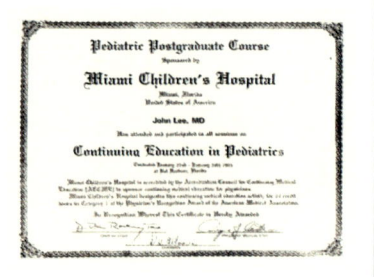

마이애미 소아 청소년과병원
연수교육

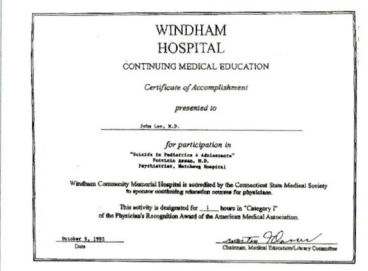

윈디함 병원
소아청소년학 연수교육

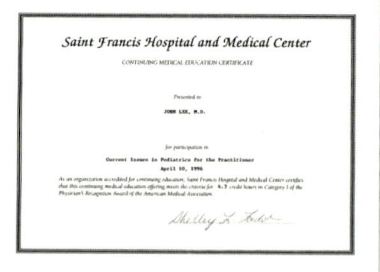

세인트 프랜시스병원
최신 소아 청소년과학 연수교육

코네티컷 의료 보험회사
위험관리 의사 연수교육

코네티컷대학교 의과대학
소아 심장혈관 전문의 리온 카마이데스 박사
기념 소아 청소년과 연수교육 세미나

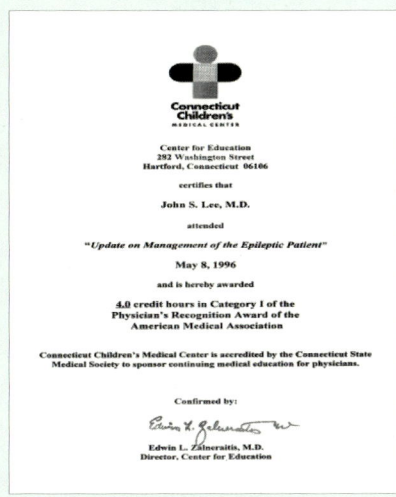

코네티컷 의과대학교 의과대학
소아 청소년과병원
최신 소아 뇌전증 연수교육

코네티컷 의료 보험회사
의사 환자관계 위기관리 연수교육

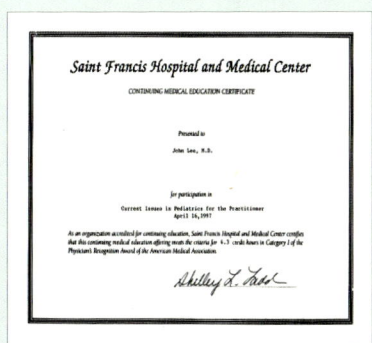

세인트 프랜시스 병원
최근 소아 청소년과학 연수교육

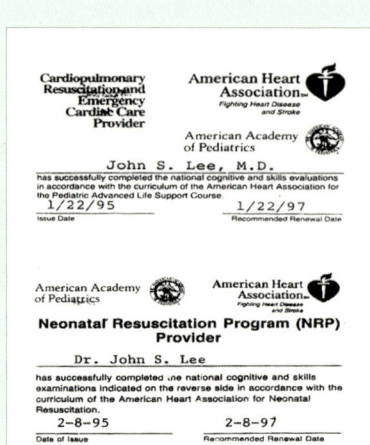

미국 소아 청소년과학회
신생아 심폐소생술 연수교육

University of California
연수교육 증명서

Massachusetts대학교 의과대학
최신 상기도 질환 연수교육

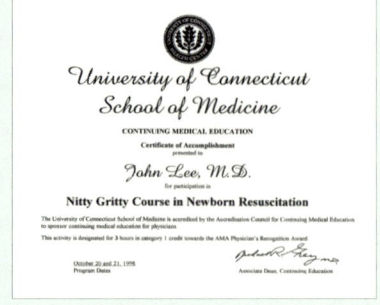

코네티컷대학교 의과대학
신생아 소생술 연수교육

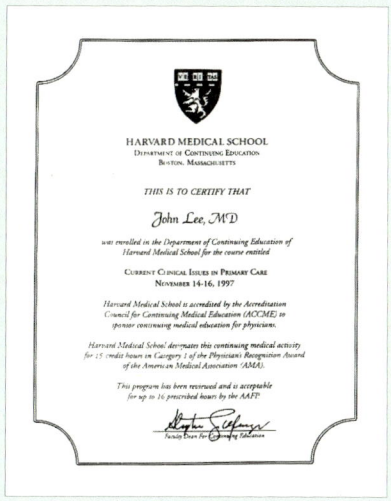

하버드 의과대학
개업의 최신 임상문제 연수교육

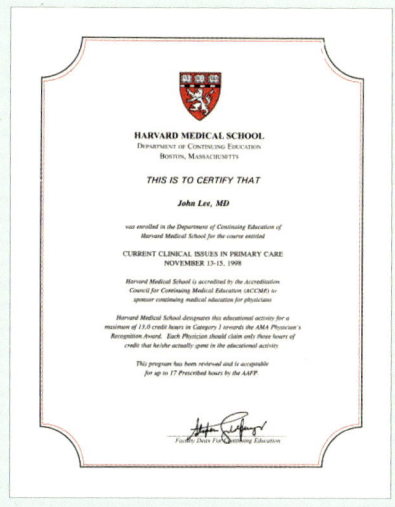

하버드 의과대학
개업의 최신 임상문제 연수교육

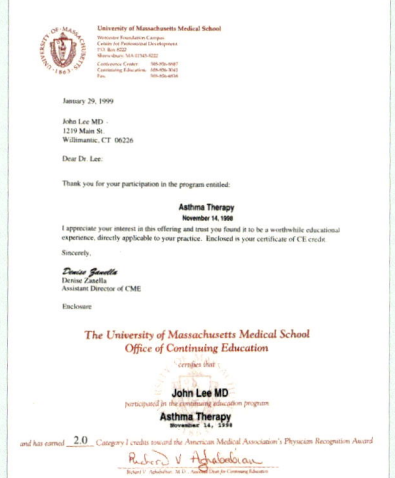

Massachusetts대학교 의과대학
천식연수교육

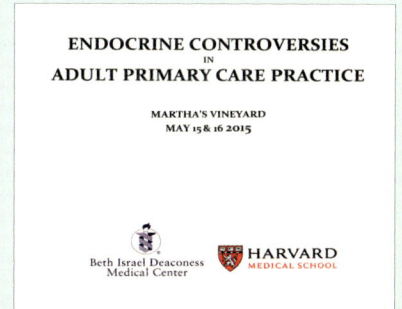

하버드 의과대학
내분비학 연수교육

Massachusetts 대학교 의과대학
두통 연수교육

터프대학교 의과대학
비뇨기과학 연수교육

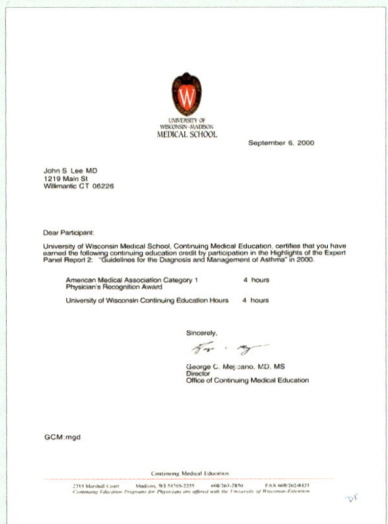
Wisconsin Madison 대학교
의과대학 연수교육

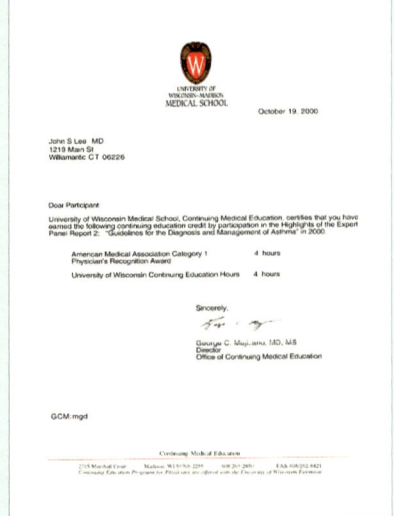
Wisconsin Madison 대학교
의과대학 연수교육

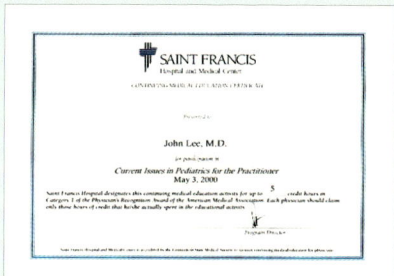

세인트 프랜시스 병원 소아 청소년과 개업의
최신 소아 청소년과학 연수교육

코네티컷 의료 보험회사
위기관리 연수교육

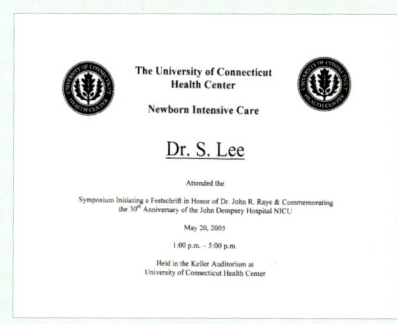

코네티컷대학교 의과대학
신생아 집중치료 연수교육

알바니대학교 의과대학소아 청소년과학
오디오저널 연수교육

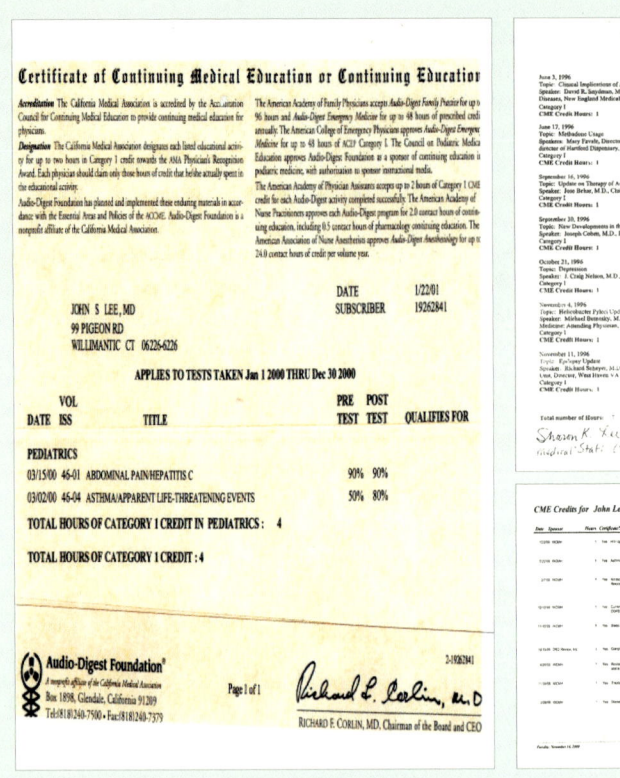
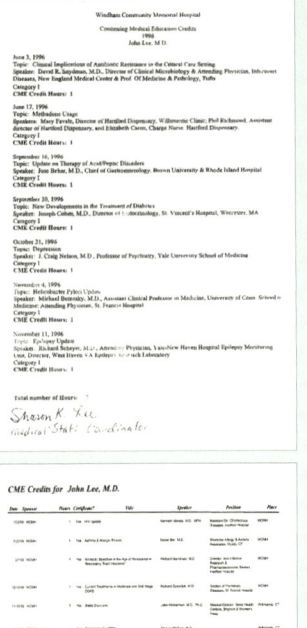

원디함 병원에서는 자기 환자를 입원치료하고, 임상검사, X선 검사 등 영상검사 등을 할 수 있는 의사 스태프의 권리와 자격을 얻으려면 적어도 연 50시간 이상 의사 연수교육을 받아야 한다. 이에 필요한 소아 청소년과학 오디오연수교육 수강 증명서

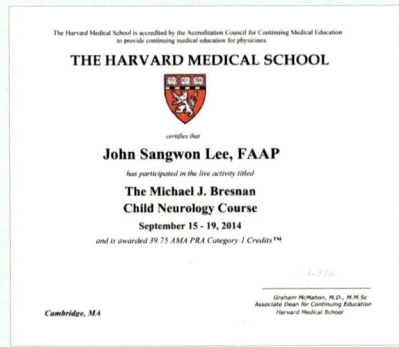

하버드의대 소아신경내과학 연수교육
2014년 9월 15~19일

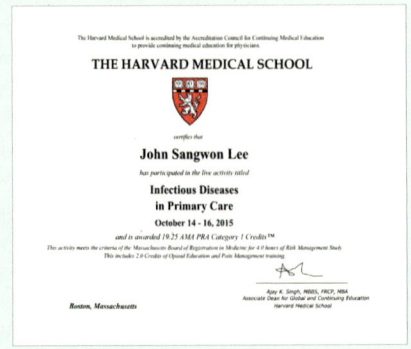

하버드의대 감염병학 연수교육
2015년 10월 14~16일

소아 청소년과학 연수교육용 각종 소아학 교과서, 저널 등

Pediatric Text Books, Medical Journals and periodicals for Pediatric Continue Educations

미국 의사협회
의학 저널

코네티컷주 의사협회
의학 저널

뉴잉글랜드
의학 저널
(2017년 1월)

뉴잉글랜드
의학 저널

미국 질병관리 예방센터
이환율 사망률 주간지

소아청소년
의학 저널

제8장 부록 · 231

노스 아메리카   미국 소아 청소년과학회   사춘기의학 저널
임상 소아 청소년과학,   소아 청소년과학 저널   감염병

소아 청소년과학 아날스   임상 소아 청소년과학 저널   알치브스
                                                                       소아 청소년과학 저널

인술포시 - 소아가정의학백과 출판기념회, 일도 김태수 박사 휘호

나의 서재

나의 서재

나의 서재

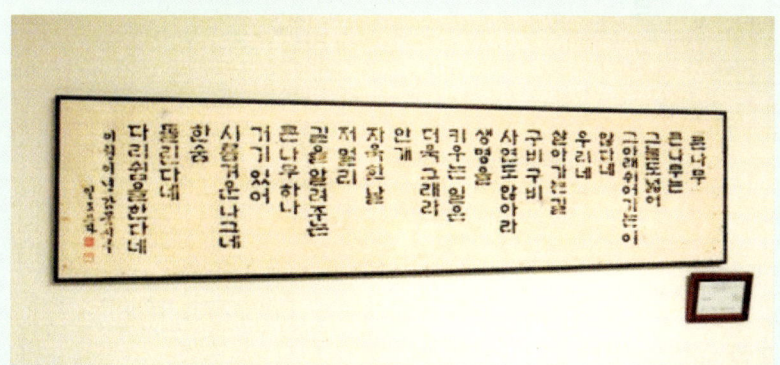

전 세계 8,000만 한인들에게 무료 인터넷 건강 상담을 5,000여건 해주는 동안 '감꽃'이란 분이 나에게 보낸 '큰 나무'시.

후즈후 세계 인명사전 등재

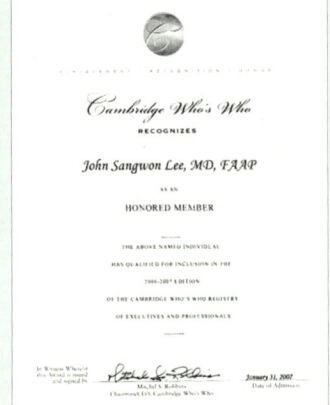

캠브리지 인명사전 등재

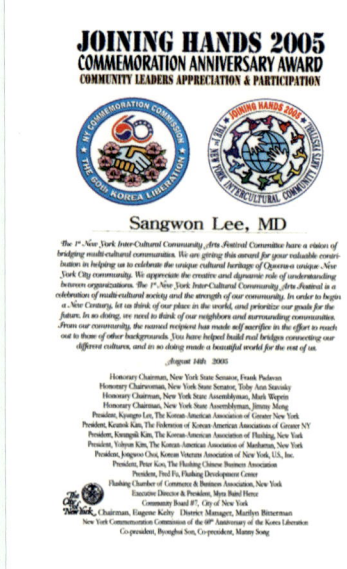

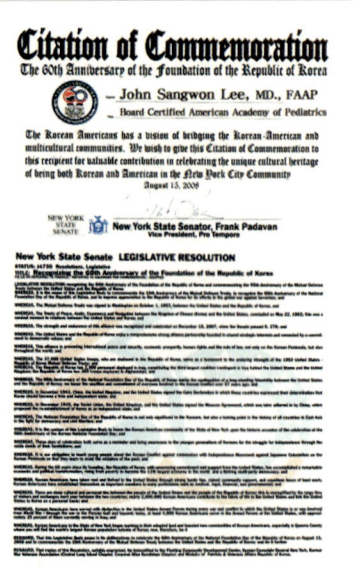

제60회 한국 건국기념회에서 뉴욕주 상원의원 프랭크 파다반으로 받은 감사장

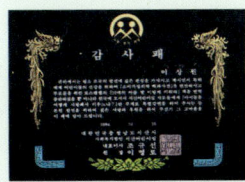

서산시 어린이집
대표이사 조규선, 원장 이영
으로부터 받은 감사패

홍성군수 이종근으로부터
받은 감사패

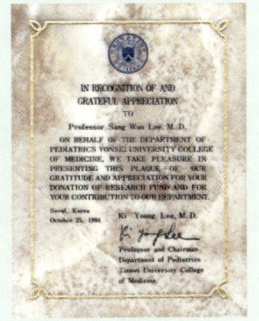

연세의대 소아 청소년과교실
주임교수 이기영 의학박사로
부터 받은 감사패

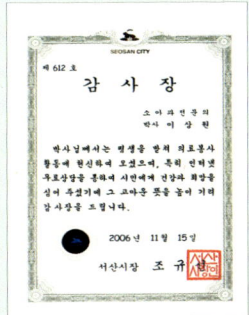

아동문학작가 조규선
서산시장으로부터 받은
감사장

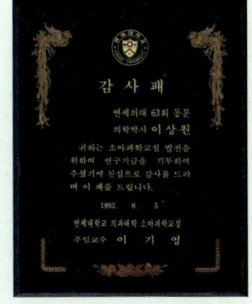

연세의대 소아 청소년과교실 주임
이기영 의학박사로부터
받은 감사패

미국 Windham 병원
28년간 우수 의사
스태프 감사패

미국 소아 청소년과학회 회장
캐어렌 렘리 소아 청소년과전문의로
부터 받은 감사장

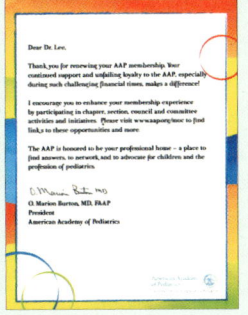

미국 소아 청소년과학회 회장
마리온 벌톤 소아 청소년과전문의로
부터 받은 감사장

미국 소아 청소년과학회 회장
Jenkins 소아 청소년과전문의로부터
받은 우수공헌 소아 청소년과
전문의 감사패

제8장 부록

미국 소아 청소년과학회에서 받은
영광스런 미 소아 청소년과학회 회원
(2013–2014)

미국 소아 청소년과학회에서 받은
영광스런 미 소아 청소년과학회 회원
(2014–2015)

미국 소아 청소년과학회에서 받은
영광스런 미 소아 청소년과학회 회원
(2015–2016)

미국 소아 청소년과 학회에서 받은
영광스런 미 소아 청소년과학회 회원
(2016–2017)

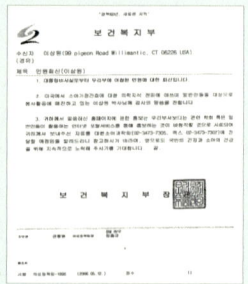

육군 군의학교 수련증과
육군 중위 임명장

고신의대 초대 소아 청소년과교
실
주임교수

대한민국 보건복지부장관
유시민으로부터 받은 공문

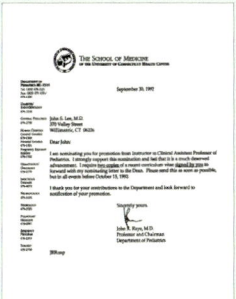

미국 코네티컷대학교
의과 대학 소아 청소년과 주임 교수
존 레이로부터 받은
소아 청소년과 임상조교수 임명장

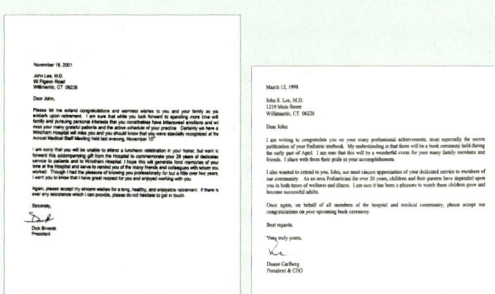

미국 윈디함 병원 원장으로부터 받은 28년 동안 소아 청소년과 은퇴
축하 편지

미국 공화당 의사협회로부터 받은 편지

John S Lee, MD 소아 청소년과진료에서 퇴직하는 내게 윈디함 병원응급실과장 Dr. Ed Brown의사로부터 받은 편지

나의 소아 청소년과 진료소에서 나를 도와 일했던 Carol로부터 받은 편지

제8장 부록 · 239

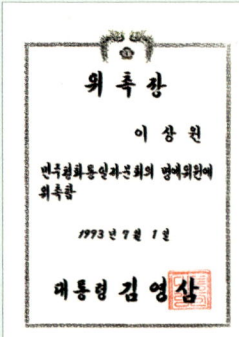

민주평화통일자문회의
명예위원 위촉장

일도 김태수 박사로부터
받은 신년 휘호

홍성고등학교 57년 졸업식에서
받은 민병기 충남도지사
수석상

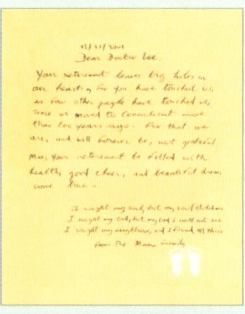

초등학교 Goba선생님으로
부터 받은 편지

Eastern 코네티컷대학교
영문학 교수 및 저자 Mama
박사와 가족으로부터 받은 편지

미국 윈디함 병원 임상
병리실 Ms Diana Dunbar로
부터 받은 편지

Northwest 여객기에서 나의 치료를 받은
환자로부터 받은 편지

환자의 부모이자 목사 Haddon 박사로부터
받은 편지

미국 공화당으로부터 받은
미국 지도자 표창장

미국 공화당으로부터 받은
건강 관리개선 선구자 표창장

미국 코네티컷주 동부
소수민족 동네 소아건강증진
공로로 받은 감사장

레이건 前 미국대통령
부부로부터 받은 감사 카드

83세 생일을 맞는 레이건
前 미국대통령 부부로부터
받은 감사 카드

부시 前 미국대통령 부부로부
터 받은 감사 카드

제8장 부록 · 241

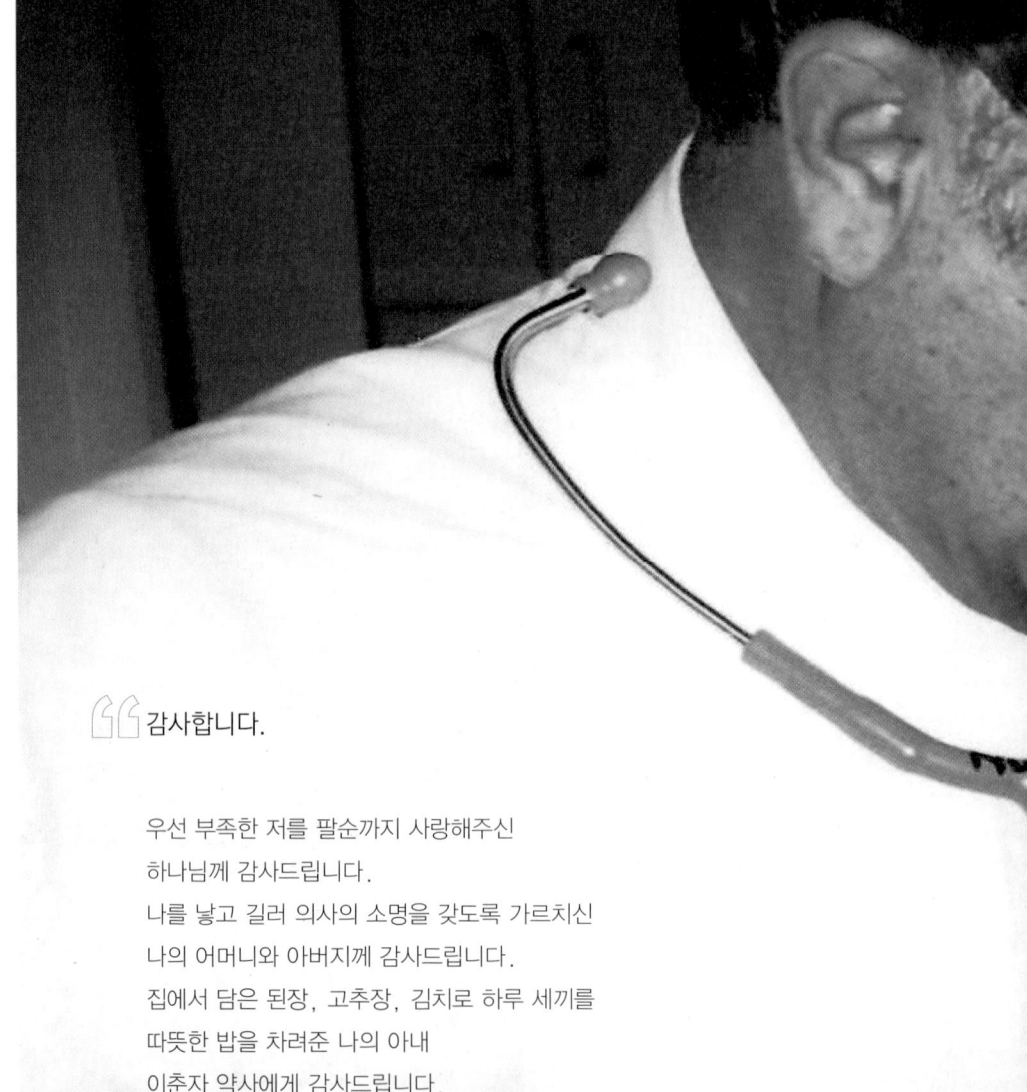

〝 감사합니다.

우선 부족한 저를 팔순까지 사랑해주신
하나님께 감사드립니다.
나를 낳고 길러 의사의 소명을 갖도록 가르치신
나의 어머니와 아버지께 감사드립니다.
집에서 담은 된장, 고추장, 김치로 하루 세끼를
따뜻한 밥을 차려준 나의 아내
이춘자 약사에게 감사드립니다.
두 아들 동형, 건형, 딸 진이에게도 감사하고
손자 저스틴, 카이, 손녀 바이올렛에게 감사합니다.
나를 가르치신 모든 은사님들께 감사드립니다.
지금까지 나에게 사랑, 지도 편달을 베풀어주신
여러분들에게 감사드립니다.

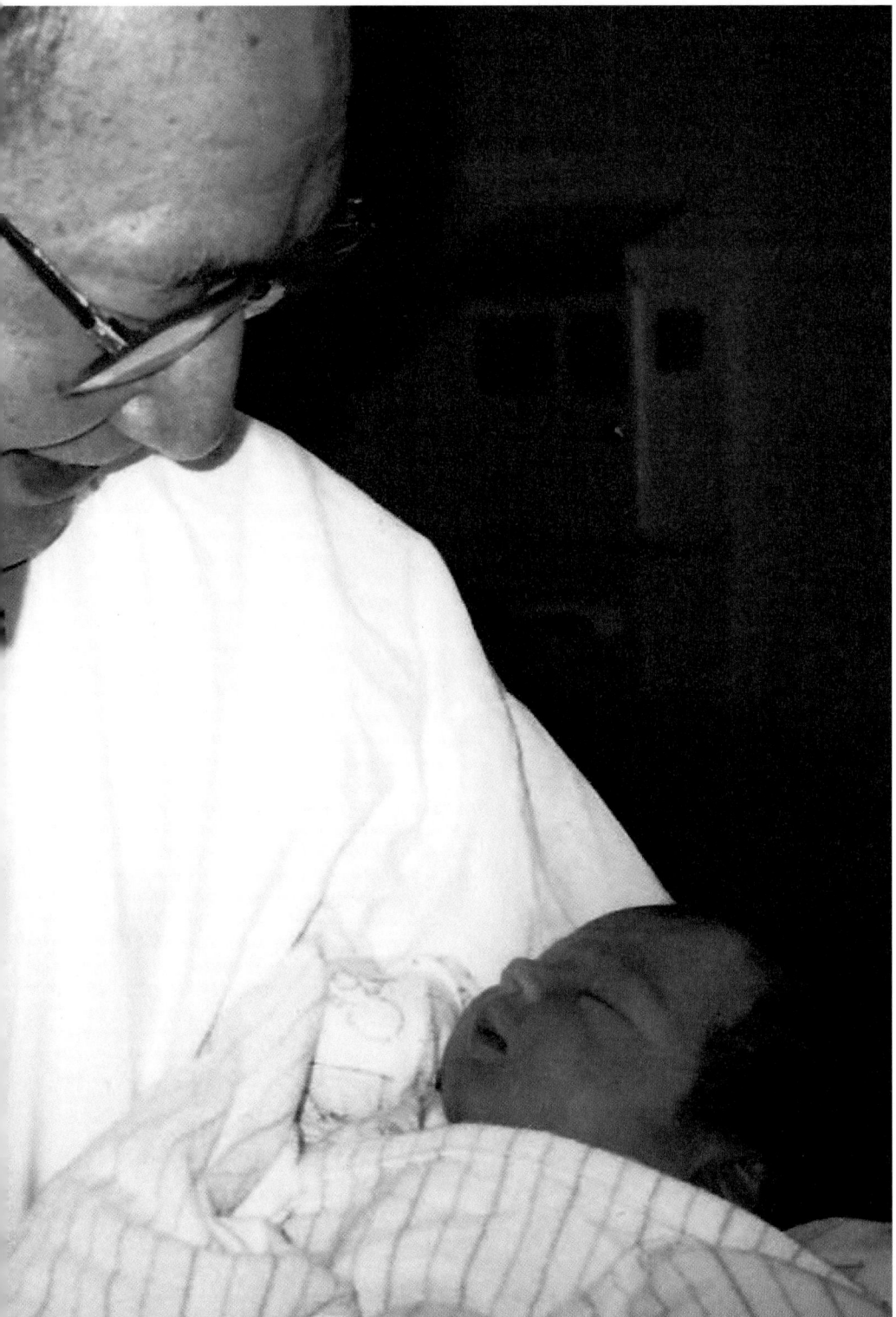

안면도 출생 이상원
TOP 미국 소아청소년과 전문의가 되기까지

초판 1쇄 인쇄	2017년 10월 1일
초판 1쇄	발행
지은이	이상원
펴낸이	신현희
교정	진솔
디자인	고건호
펴낸곳	ECONOMY JOURNAL 출판국
주소	서울특별시 강남구 선릉로 133길4, 5층
대표전화	02-968-7890
팩스	02-3445-8574
홈페이지	www.economyj.co.kr

저자 이상원 박사와의 소통
www.koreapediatrics.com
http://www.flickr.com/people/drleesangwon
http://blog.naver.com/drsangwonlee
http://www.facebook.com/drleesangwon

국립중앙도서관 출판예정도서목록(CIP)

안면도 출생 이상원 top 미국 소아청소년과 전문의가 되기까지 / 이상원 저. — [서울] : Economy journal, 2017
    p. ;   cm

권말부록 수록
ISBN 979-11-962003-0-5 13190 : ₩13000

소아과 전문 의사[小兒科專門醫師]
자서전[自敍傳]

510.99-KDC6
610.92-DDC23   CIP2017025490

값 13,000원

ISBN 979-11-962003-0-5

＊잘못 만들어진 책은 구입하신 곳에서 교환해 드립니다.